HANS SAEBENS / OTTO GOTHE

BACK TORF

BILDER UND
GESCHICHTEN AUS
DEM ALTEN
TEUFELSMOOR
MIT EINEM ESSAY VON
FRITZ KEMPE

WORPSWEDER VERLAG

Die Vorstellung vom Teufelsmoor bei Bremen, von der Landschaft und den Menschen wird vor allem durch Bilder bestimmt, die die Worpsweder Maler in den beiden Jahrzehnten vor und nach 1900 geschaffen haben. Fritz Mackensen und Otto Modersohn, Fritz Overbeck und Hans am Ende kommen hier als Gestalter von Landschaft und Genre in besonderem Maße in Betracht. Die Kunst der alten Worpsweder ist eine eher sachbezogene, dem Gegenstand verpflichtete. Aber auch sie weckt die Frage nach der tatsächlichen Gestalt des Dargestellten, macht neugierig zu erfahren, wie Land und Leute damals ‚eigentlich' ausgesehen haben.

Das vorliegende Buch rückt dem Teufelsmoor von einst näher zu Leibe – nicht in der Form der Geschichtsschreibung, sondern mithilfe von zwei Berichterstattern, die sich gerade noch rechtzeitig ans Werk gemacht haben, um das alte Teufelsmoor aus dem unmittelbaren Erleben heraus festhalten zu können.

Das Buch vereinigt die Schilderung „Backtorf", die Otto Gothe 1937 geschrieben und im gleichen Jahre veröffentlicht hat, mit Photos von Hans Saebens aus den dreißiger Jahren. Der Erzähler Otto Gothe versteht es, bei aller Frische der Schilderung, bei allem Sinn für die Pointe und die humorvolle Episode doch auch die eigentümliche Schwere dieser Landschaft und des Lebens darin zu vergegenwärtigen. Die Photos von Hans Saebens gehören inzwischen zum klassischen Bestand der Landschaftsphotographie in Deutschland. Eine Neupräsentation seiner Bilder ist Anlaß genug, auf Werk und Persönlichkeit dieses bedeutenden Photographen einzugehen. Dazu ist Professor Fritz Kempe, Freund und Kollege, berufen wie kaum einer, und so bildet ein kundiger Essay aus seiner Feder – persönliche Erinnerung und kritische Würdigung zugleich – den rechten Beschluß dieses Buches.

Allgemeines über das Teufelsmoor und über den Besuch von Wirtshäusern
Eine Versammlung
Das Besprechen
Der alte Fahnenträger

Es gibt in unserem Vaterlande eine ganze Anzahl von Orten und Landschaften, die uns aus Märchen und Geschichten gut bekannt sind, über deren tatsächliche Existenz sich aber selten Gedanken gemacht werden. Man kann oft genug bei der Nennung solcher Stätten die verwunderte Frage hören: „Ja, gibt's denn das auch richtig?"
Zum Beispiel fand das historische und weltbekannte Wettlaufen zwischen dem Igel und dem Hasen auf der Buxtehuder Heide statt, wie Sie in Grimms Hausmärchen nachlesen können. Ich bin aber mancherorts in Deutschland verwunderten Mienen und ernsthaften Zweifeln begegnet, wenn ich von diesem Orte erzählte.
Auf Landkarten, die in größerem Maßstabe gezeichnet sind, ist auch wohl das Teufelsmoor zu finden. Für die meisten wird dieser Name nicht viel besagen. Er wird sie an Aberglauben und Teufelswerk im Sinne des finsteren Mittelalters erinnern, an spukhafte Begebenheiten, kurzum an Märchen und Sagen, kaum aber an wirkliche Dinge.
Weil ich aber nun selbst in diesem Moore sitze, jahraus, jahrein, so kann ich mit dem besten Gewissen bezeugen, daß es sich hier um eine richtige deutsche Landschaft handelt, in der allerlei Leute leben, in der es neben Gewöhnlichkeiten auch manche Seltenheiten gibt.
Es geschieht auf Freundeswunsch, daß ich von hier eine Anzahl Briefe in die große Stadt sende. Ich gebe dem Wunsche gern Folge, obwohl es heutzutage aus der Mode gekommen ist, das Briefeschreiben. Wer gibt sich noch dieser Beschäftigung aus Mitteilsamkeit hin? Zumeist alte Tanten und Großmütter benützen die gefällige Einkleidung der Briefform zur schriftlichen Unterhaltung. Sie achten auch sehr wohl auf einen guten Verschluß der Briefe und auch darauf, daß sie ordentlich in die knallroten Kästen der Reichspost kommen, diese wahrlich romantischen Behältnisse, denen aber die Erfindung der Postkarte und der Familiendrucksache viel poetischen Reiz nahm. Denn bloß, um ein paar Pfennige zu sparen, werden seither ganz intime und Familiendrucksachen in unfreundlicher Kürze offen aufgegeben. Schamhafte Dinge, die man nur ungern öffentlich kundtut, werden mit ein paar Buchstaben, deren Bedeutung jeder kennt, dahingekritzelt ——. Jedem Briefträger steht es frei, sie zu lesen ———.
So leicht kann ich es mir nicht machen, wenn ich aus dem Moore schreibe. Ich kann nicht den größten Teil der Buchstaben unterschlagen —, denn Sie wollen alles genau erfahren. Aber lassen Sie sich warnen. Sie müssen mit mir in einer oftmals unwirtlichen Gegend herumwandern, Sie müssen sich bücken, wenn Sie mit mir in niedrige Stuben treten wollen, Sie dürfen nicht gleich husten, wenn Ihnen Torfrauch in den Hals kommt. In unseren Wirtshäusern sitzen Sie nicht auf weichen Kissen, sondern Ihr Hinterer muß sich an gewundene Binsenseile gewöhnen. Die Sprache, die Sie vernehmen, wird Ihnen deftig und derbe vorkommen, so lange, bis Ihnen die zarten Wendungen verständlich geworden sind. Sie werden es erfahren, daß wir hier bei aller Dürftigkeit der Verhältnisse und auch wohl bei einer gewissen Dürftigkeit unseres Wissens über die Dinge der Welt dennoch nicht in Ehrfurcht vor diesen ersterben und vor Euren Errungenschaften auch nicht.
Und wenn in diesen Briefen nicht lauter spannende Geschichten vorkommen, keine romanhaften Abenteuer und keine Sensationen, so werden Sie nicht gleich ungeduldig. Alle haben ein Ende, Sie können sie liegenlassen, die Briefe, und dann von hinten anfangen, es bleibt sich gleich.
Schließlich noch eins ———, ich kann Wiederholungen nicht ganz vermeiden, ich muß ähnliche Umstände und dieselben Orte öfters erwähnen. So werde ich zum Beispiel manchmal von Wirtshäusern sprechen müssen.
Ich weiß es, man kann leicht in Verruf kommen, wenn man von solchen Stätten erzählt, man

muß sie ja kennen ---, ist bestimmt oft da gewesen. Es kann einem dann nachgerechnet werden, was man sein Lebtag alles schon ausgegeben hat für Bier und andere alkoholische Getränke. Was hätte man mit diesem Gelde anfangen können? Und wenn nun gar noch der Tabak dazu gezählt wird –, mein Gott, es kommt sicher gerade der Betrag heraus, der uns heute am Wohlstande fehlt. Schlimmer noch, denn diese Summe wäre ein vorzügliches Stammkapital, was uns unfehlbar zum Reichtume geführt hätte.

Ich gebe diesen Rechnern nicht recht, so sehr die Rechnung an sich stimmen kann. Ich gebe ihnen deswegen unrecht, weil doch selten ein Mensch durch Rechenkünste Glück und Freude in die Welt brachte. Wohl aber ist fast alle Trübsal und schreckliches Elend gekommen durch stimmende oder falsche rechnerische Manipulationen. Die Gelehrten und Mathematiker will ich ausnehmen, weil sie in der Praxis meist mit ihrem rechnerischen Genie auch nicht viel gewinnen konnten.

Aber seht Euch mal in der Weltgeschichte genau an, was vom Abzählen des Weideviehs durch den neidischen Nachbarn in grauer Vorzeit bis zu den ziffernmäßigen Einsätzen an Menschen und Material im Weltkriege alles zusammengerechnet ist ---, wie die Großen der Welt mit Millionen von Geldern, Tonnen, Menschenleben hin und her schoben, als wären es Kieselsteine ---. Dann könnt Ihr es mir auch nicht verdenken, daß ich denen nicht vertraue, die mir scheinheilig meine Biere nachrechnen, denn im Grunde meinen sie ja nicht, was ich mit dem Gelde dafür angefangen hätte, sondern sie rechnen es in ihre Geschäfte um, die Heuchler.

Schlimmes und Falsches meinen sie aber gar, wenn sie sagen –, ja, so dann und wann ein Gläschen als Medizin, das wollten sie gelten lassen –, oder weil sie zu geschäftlichen Zwecken mithalten oder einladen müßten.

Nein, ich halte es gegenteilig für arg, wenn einer trinkt, weil ihm körperlich oder geistig elend zuwege ist. Bei körperlichem Unwohlsein hat ja der Alkohol keinen anderen Zweck, wie ihn ein Abführmittel auch haben könnte, also einen sehr gewöhnlichen Sinn. Wer aber aus geistigem Elende trinkt, hat bis zum Säufer nur einen gefährlich kurzen Weg.

Und Leuten, die zu geschäftlichen Abschlüssen mithalten oder einladen, denen ist schon gar nicht über den Weg zu trauen.

Ich meine, man soll ins Wirtshaus gehen, wenn man selber schon froh ist, weil man mit Freunden eine gute Stunde haben will, aus Geselligkeit, um Vergnügen zu haben an dem, was uns die Welt Gutes geben kann.

Vergeben Sie mir die Abschweifung, ich wollte nur sagen, daß, wenn Sie in meinen Briefen öfters von Wirtshäusern lesen, es nicht darum geht, weil dort mal weniger, mal mehr Bier getrunken wird, sondern deswegen, weil man da nach Feierabend oder bei Gelegenheit unsere Moorleute mitteilsamer findet als in ihren Häusern. Weil dann in einer Stunde des Fernseins von den Sorgen des Alltages in Erscheinung tritt, daß auch in ihnen ein Drang ist nach Freundschaft und Aussprache.

Es soll etwas Wahres daran sein, daß gemeinsames Leben und gemeinsames Streben die Menschen auch äußerlich ähnlich macht. So sagt man von Eheleuten, die lange zusammen waren, sie würden sich im Alter an Gesicht und Gehaben gleichen. Eine verwandte Beobachtung ist wahrzunehmen, wenn man weltanschaulich auf Gedeih und Verderb verbundene Menschen in größerer Zahl zusammen sieht.

Und wenn ich mich heute hier im Spiegel betrachte, dann muß ich sagen, Moor und Torf haben auch bei mir landesübliche Runen gezogen. Mehr noch aber hat die Umgebung bewirkt, daß ich die Umwelt so langsam aus der Perspektive des Moores zu sehen nicht umhin kann. Nicht nur das Älterwerden an sich macht weitsichtig, auch die Weite unserer Ebene wirkt physisch sich so aus.

Wenn ich daher in meinen Briefen in die Stadt neben den Erzählungen aus dem Moore hin und wieder allgemeine Betrachtungen einflechte, so kommt das mit daher, weil die hier unerläßliche Beschäftigung mit den kleinen Dingen des ländlichen Alltags und die Unmittelbarkeit, mit der die großen Fragen des Lebens immer wieder vor uns treten, alles in ein anderes Verhältnis rücken, als es bei Euch in den Städten sein kann und möglich wird.
Ich werde Euch manches freimütig sagen. Ihr könnt es mir heimzahlen. Und wenn der eine oder der andere von Euch Lust bekommt, sich hier an Ort und Stelle zu überzeugen, ob ich recht berichtet habe, so ist er freundlich eingeladen.
Als nach der Sintflut die Wasser sich allenthalben verlaufen hatten, blieb im Teufelsmoor noch ein Rest stehen und machte mit all den sonstigen Überbleibseln einen mächtigen Morast aus. Aus dieser grünlichen dicklichen Suppe ragte der einzige Berg hervor wie ein großer Kloß. Man könnte auch sagen, daß er der Ararat des Moores ist, auf dem dann die ersten Leute hier in einer kleinen Sonderarche gelandet sind. Denn wie hätten sie sonst über den großen Sumpf hinwegkommen sollen?
Heute noch wohnen um diesen Berg herum die Leute am dichtesten. Auf dem Berge steht ein kleines Kirchlein mit einem seltsamen Turmhelm. Die acht ältesten Höfe im Kirchdorf haben aber aus der Vorzeit noch eine Extraglocke im Dorfe, die für sie allein jeden Sonntag läutet und auch, wenn einer von dort begraben wird.
Die Menschen hier im Moore rechnen zu den Niedersachsen. Sie sind meist blond von Haar und mitunter ganz stattlich. Im Moor gibt es aber auch kleinere und dunkle Typen, die aussehen können, als wären sie direkt aus Torf gemacht.
Besitzverhältnisse und Arbeit haben Statur, Aussehen und Haltung stark beeinflußt. Die großen Bauern brauchten nicht so schwer zu arbeiten. Sie konnten sich Knechte und Mägde leisten. Die Kleinern und Ärmeren im Moor mußten alles selbst tun. Vor allem macht sie die schwere Torfarbeit früh krumm und alt aussehend. Die Großen schafften sich weniger Kinder an, heiraten fast immer nach Besitz und weniger nach Neigung, daher haben sie den Umfang der Höfe gehalten. Die anderen hatten das Haus voller Kinder –. Die meisten davon mußten aus dem Hause in die Welt. Dennoch sind die Stellen vielfach so zerstückelt worden, daß sie heute eine Familie nicht nähren können. Die großen Bauern und ihre Höfe können gegenüber den anderen richtig herrenmäßig wirken –––, sie rechnen sich auch nicht gern zu den Moorleuten, – sind's im Grunde aber doch.
Alle hier haben die guten und schlimmen bäuerlichen Eigenschaften in der Potenz, oftmals in sonderlichster Mischung.
In einer Wirtschaft weit im Moor ist eine Interessentenversammlung anberaumt. Sagen wir, es geht um eine Schiffgrabensache. Die hohen Herren von der Behörde sind schon da. Die Johanns, Jans, Hinrichs und Diederichs kommen auf ihren Rädern aus allen Ecken zusammen. Sie stehen erst eine ganze Zeit vor dem Hause herum, dann etwas an der Theke und schließlich sitzen sie zusammen in der Stube, die ganz voll geworden ist. Der Landrat fängt an zu reden – lange, ausführlich, eindringlich. Dann kommt der Baumeister und macht es ebenso. Keiner der Bauern sagt was dazu. Man weiß auch nicht, ob sie ordentlich zugehört haben. Und deswegen fängt der Landrat noch mal an. Ein paar Stunden sind schon herum. Die Herren haben nicht viel Zeit, sie schwitzen und sehen nach der Uhr. Die Bauern aber haben Zeit. Es wird ungeduldig auf Meinungsäußerung gedrängt, und dann kommt so ein Johann mit einer ganz verflucht dummen, harmlos klingenden und doch ganz hinterhältigen Frage an, auf die keiner gerechnet hat. Die anderen Bauern murmeln beifällig, ein Einwand nach dem anderen kommt noch dazu, und die Zeit vergeht. Es ist unmöglich, heute auf alles einzugehen, es fehlen auch noch Unterlagen, und nach wieder einer Zeit muß die ganze Versammlung auseinandergehen.

Die hohen Herren fahren unmutig mit roten Köpfen ab. Die Bauern sind zufrieden, sie haben Zeit gehabt, sie haben noch Zeit und stehen und sitzen noch lange herum, an der Theke, in der Gaststube, reden mit wenig Respekt von den Herren, --- das Moor, ihre Höfe sind älter als die Ämter, und sie haben eine längere Dienstzeit als der Landrat. Jawohl, so ist es.
Schließlich sitzen bloß noch drei um einen Tisch. Der Älteste ist Friederich. Er hat mit der Versammlung nichts zu tun gehabt. Im Nachbardorfe legte er ein Flett neu mit den kleinen Kieselsteinen aus, die er mit roten Backsteinen zu schönen Mustern vereinigt. Friederich ist schon hoch in den Siebzig, immer noch strohblond, etwas borstig und mit einem verqueren Gange, wie ihn alte Moorleute oft haben. Wohnt in der Nähe des Berges in einem kleinen strohgedeckten Hause ohne Schornstein. Darin räuchert er Wurst und Schinken, auch für die Nachbarn.
Friederich hat die Gabe des „Seegens", das will heißen, er kann Krankheiten und Übel besprechen. Ganz heimtückische Sachen, wie die Rose zum Beispiel, bringt er weg. Ich habe selbst gesehen, wie er Warzen von Kindskopfgröße davonbrachte. Die Finger legt er darauf, murmelt lange Sprüche, pustet ein paarmal darüber hin, das ist alles. Jetzt hat er bloß Sorge, wem er seine Talente überträgt. Es muß nun eine Frau sein. Von der bekommt's wieder ein Mann.
Aber Friederich ist bei all seinen Gaben nicht reich geworden und auch nicht von einem Ehrenamte, welches er ganze fünfundzwanzig Jahre mit Hingabe ausübte. Er war so lange der Fahnenträger des Kriegervereins, und das will was sagen.
Das Amt ist ihm genommen, weil er zu alt dafür wäre, so hieß es. Der Abschied war ehrenvoll, und immer wieder wird ihm bezeugt, daß er der beste Fahnenträger weit und breit gewesen sei. Er läßt sich nicht trösten, denn kein Nachfolger ist ihm würdig genug. Die beiden Tischgenossen waren mal seine Adjutanten. Sie lassen eine Tulpe nach der anderen einschenken, und unser Friederich wird warm. Er erzählt davon, wie er die Fahne so schön über den offenen Gräbern der Kameraden schwenken konnte. Für wie viele war es nötig in den langen Jahren. Bei fröhlicheren Anlässen, bei Festen und bei Umzügen, mußte er seine Fahne immer unter den Ehrenpforten senken, das war nicht leicht. Manchmal mußte er fürchterlich schwitzen dabei, es machte ihm nichts, denn er tat's ja nicht für sich, nicht nur für die Kameraden, nein, fürs Vaterland. Die anderen stimmten ihm laut zu, noch eine Tulpe kommt darauf.
Endlich haben sie ihn so weit, daß er noch von seiner Militärzeit berichtet und zum Schlusse gar zu singen anfängt. Singt nicht laut, nicht melodiös, und die Texte sind in den letzten fünfzig Jahren etwas durcheinandergekommen. Was tut's, ...
Aus Garnituren werden Garnaturen, --- wie er sonst gern von der „Marmorschlacht" aus dem Weltkriege erzählt, über die der Schulmeister einen Vortrag gehalten hat.
Mit einem Male tut er einen mächtigen Rülpser, steht unvermittelt auf und will nach Hause. Gleich darauf geht er auf der langen Landstraße mit seinem verqueren Schritt. Auf eine ganze Entfernung sehe ich noch die Flicken auf dem alten Manchesteranzug, ganz deutlich besonders auf dem weiten Hosenboden.
Die beiden Adjutanten trinken noch manches kühle Bier. Später sah ich sie ins Grüne wässern. Der eine hat seine Mütze so schief aufgesetzt, wie es bei den Königsulanen vor dem Kriege gelehrt wurde. Er murmelt unverständliche Worte. Der andere sagt gar nichts mehr.
Auf dem langen Heimwege kann uns auffallen, wie die Moorluft den Schall weit trägt. Man hört dann auf einmal Stimmen und sieht keinen Menschen weit und breit. Das können Torfschiffer auf dem Flusse sein, die in der Abenddämmerung losfahren. Es ist aber einige Kilometer bis dahin ---.

Von wichtigen und unwichtigen Dingen
Moorkindstaufe
Ein paar Worte über die Landessprache
Wie man hier Tote hüten muß

Sie müssen es zugeben, es ist zweifellos für jeden einzelnen ein wichtiges Ereignis, wenn wir geboren werden und wenn wir sterben müssen, für uns ganz persönlich, und für Angehörige, Freunde, Nachbarn. Darüber müssen wir uns doch einig sein.
Nicht genug damit, es ist sogar ein großartiges Wunder, wie wir auf wahrlich seltsame Art, ohne auch nur das geringste dabei tun zu können, in diese Welt gesetzt werden.
Und es bleibt ein Geschehen – ewig rätselhaft, für uns von weittragender Bedeutung, wenn wir diese Erde wieder verlassen, um in eine gänzlich dunkle Ewigkeit einzugehen –, die dunkel ist, auch wenn wir als Christen an das Ewige Licht glauben, um dessen Leuchten für die Abgeschiedenen täglich gebetet wird.
Sagen Sie aber offen und ehrlich, ––– ein wie geringes Interesse legen die meisten von uns an den Tag für diese allerwichtigsten Lebensdaten, von denen in Bibel und Gesangbuch tiefe Worte künden?
Wir bekümmern uns um die überflüssigsten Sachen weit mehr. Beschäftigen uns mit den Kleidersorgen reicher Leute, laufen oft ins Kino und weinen womöglich, wenn uns daselbst völlig erlogene Seelenschmerzen der Lady Liddy Schettermors für unser schwer erarbeitetes Geld vorgegaukelt werden. Wir machen uns Gedanken über den Götterglauben der Schwarzen in Afrika, über die Totenbräuche auf Bali, über die Speisekarte der Chinesen. Tagtäglich müssen Flugpiloten ihr Leben aufs Spiel setzen, bloß damit wir ganz schnell lesen können, was man in Brasilien von uns denkt.
Kurzum, wir können nicht genug erleben an nebensächlichen Dingen.
Wenn uns aber ein Kind geboren werden soll, dann schicken wir die Frau, so es irgend geht, in die Klinik, sagen, es wäre dort leichter. Viele Väter, so tapfer sie in der Liebe waren, wenn die Geliebte den ersten Weheschrei tut, dann halten sie sich die Ohren zu oder laufen gar davon, die Feiglinge.
Und viele andere können es nicht mit ansehen, wenn sich jemand zum letzten Schlafe ausstreckt; ––– zu helfen wäre nichts, sagen sie –––, das brauchen sie auch nicht, aber das erschütternde Ereignis erleben sollen sie. Und zwar nicht nur im Krematorium oder am Grabe, ––– nein, ganz konkret.
Im Moore hier bei uns ist es in der Regel noch anders. Hier wird man weder die Verantwortung noch das Miterleben los, wenn die Kreatur geboren wird und wenn sie sterben muß. Das ist schwerer, natürlicher und gerechter auch.
Vor einigen Tagen hatte ich mir einen frischen Torfstich angesehen, gleich aus welchem Grunde. Es war gegen Abend, und ich traf da draußen den Altenteiler Diederich –. Er wollte noch etwas Heide zum Streuen schlagen. Sein greiser Kopf war mit einem uralten Strohhut bedeckt, der längst die Farbe verwitterter Strohdächer angenommen hatte und ebensooft geflickt war. Es war Sonnabend, und sein Wochenbart stand noch in grauer Mächtigkeit um das faltige Kinn. Das Wetter würde wohl noch halten, meinte er, aber in der Welt, da sähe es ihm verdammt – striperich –, also unheimlich aus. Daran knüpft er gern tiefsinnige Betrachtungen über den Weltlauf, über die Menschen und ihr Tun. Da er es mit Gott und der Bibel hält, hat er von der heutigen Zeit eine gar geringe Meinung. Er ist ein Moor- oder Torfphilosoph und zugleich der Großvater meines Patenjungen. Ich mußte mit zu seinem Enkel, aus dem, seit wir, der Alte und ich, ihn über die Taufe hielten, ein kräftiger Bengel geworden ist.
Es war an einem Abend gegen Ende Oktober, als der Vater dieses Patenkindes so um acht Uhr etwas angesägt in die Gastwirtschaft schoß. Ihm war in der verflossenen Nacht hinter vier Töchtern her der erste Sohn und somit der Erbe geboren. In der Früh gegen neun Uhr

hatte ihn die Hebamme Antje losgeschickt, damit er schnell aus der Apotheke ein Brustpflaster für die Wöchnerin hole. Die neue Würde brachte ihm viel Aufenthalt, und da unterwegs manches Glas auf das Wohl der Alten wie des Jungen genossen werden mußte, war unser Freund so langsam voll geworden. Das Brustpflaster war beschafft, aber inzwischen wieder verlorengegangen. Man nahm sich Diederichs freundschaftlich an, und ich besorgte ein neues Brustpflaster, wagte auch dazu bei arger Finsternis den Weg ins Moor, kam glücklich über Wege und Gräben und fand in einer überhitzten Stube viele Nachbarinnen um die Frau versammelt. Der Neugeborene stand in mächtige Federkissen verpackt an einem fast weißglühenden Ofen, als solle er schon am ersten Lebenstage für die kommenden kalten Zeiten vorgewärmt werden. Das Pflaster wurde mit Dank angenommen und dem noch abwesenden Vater nicht gerade freundliche Grüße ausgerichtet. Ich suchte und fand den Rückweg in die Gastwirtschaft, in der man mich sogleich als Paten des Kindes begrüßte. Das war ein neuer Grund zum Feiern.

Gut zwei Wochen darauf kommt mein Freund Diederich an und sagt, daß tags drauf die Taufe sei. Ich wisse ja wohl alles. Ich wußte nun gar nichts, aber Gott sei Dank weiß unsere Freundin Frida alles, was das Moor und seine Notwendigkeiten betrifft. Sie half mit Belehrung und Rat. Am folgenden Mittag waren meine Frau und ich wohlgerüstet und traten rechtzeitig den Gang zum Taufhause im Moore an. Hier kommt der Pastor zu solchen Anlässen meist ins Haus. Er war noch nicht da, weil er einem betagten Ehepaar in der Nachbarschaft das Abendmahl bringen mußte.

Um einen großen Tisch herum saßen viele Nachbarn, die Kaffee tranken und Kuchen aßen, genau so ernst und stumm, wie bei einem Begräbnis auch. Man sah uns kaum an, und wir mußten warten, bis für uns Platz wurde. Der Großvater hatte zwar das schon etwas vom Alter gedunkelte Dauervorhemde samt dem darauf immer festen Schlipschen umgebunden, war aber ausgesprochen unruhig und ging immer ein und aus. Schließlich meinte er, ein Schwein wäre krank und müsse gleich geschlachtet werden. In solchem Falle sind Metzger immer zu weit weg, und deswegen gingen wir, die Nachbarn und ich, gleich heran, zogen den feinen Rock aus, und schnell erlösten wir mit Hilfe eines Taschenmessers das Tier von seinem Leiden. Dieses vor allem auch, damit's nicht zum Abdecker mußte. Bald hing es am Haken, zur weiteren Verarbeitung bereit. Während ich von der ungewohnten Beschäftigung mich noch erholen zu müssen vermeinte, kam auch schon der Pastor auf dem schmalen Pad angeradelt. Nach einer einfachen Begrüßung wurden die Personalien der Beteiligten für das Kirchenregister aufgenommen, und dabei fiel ich leider etwas auf. Einmal des Berufes halber und sodann, weil ich bei der Frage, ob ich doch natürlich auch zu „unserer“ heiligen christlichen Kirche gehöre, zugeben mußte, daß ich katholisch bin. Der Pastor meinte gütig – na, es ginge ja auch an. Ich muß aber noch heute gestehen, daß ich mir im Augenblicke nicht ganz christlich vorgekommen bin.

Nach diesen umständlich vorgenommenen, aber notwendigen Eintragungen legte der geistliche Herr seine Amtstracht, die er – Talar und Beffchen – einer alten, durch manche Moorfahrt verwetterten Aktentasche entnahm, in Gegenwart der gesamten Moorchristenheit an, und die Amtsmiene bildete sich beizu von selber. Großvater Diederich nahm seinen Enkel ganz bedächtig in seine Hände, ich ging in Assistentenstellung, und noch einige weitere Paten stellten sich dazu. Die anderen blieben sitzen. Die Mutter nahm das Taufbecken, eine nur eben angestoßene Preßglasschale, zur Hand, in der das braune Moorwasser schaukelte.

Nun begann der Pastor die heilige Handlung, indem er der lieben Taufgemeinde vorerst eindringlich Sinn und Zweck dieses heiligen Sakramentes klarmachte. Die Taufe sei da, so meinte er, damit das Kind die Erbsünde los würde. „Wenn Ihr nun fragt, wie es kömmt, daß

ein so klein unschuldig Kindlein schon eine Sünde hat, denn ist es so: Ihr, liebe Taufgemeinde, macht Euch im Frühjahr über Euren Garten her. Ihr grabt ihn um, düngt ihn fein, streuet den Samen aus und harkt alles schön glatt. Und denn wartet Ihr, daß die zarten Pflänzlein mit Gottes Segen kommen? Aber was kömmt nun zuerst? Nicht die Pflänzlein, sondern das Unkraut kömmt zuerst –––. Und so, liebe Taufgemeinde, ist es auch bei diesem klein unschuldig Kindlein. Bosheit und Niedertracht, Ungehorsam und Hinterlist, die kommen zuerst heraus, und das ist die Erbsünde, und derentwegen muß das Kindlein nun getauft werden. Und sodann noch als Symbol dafür, daß es heute in unsere heilige christliche Gemeinschaft aufgenommen wird."
Etwa so erging sich der Moorpastor gründlich. Die Taufgemeinde hörte andächtig zu. Das unschuldig Kindlein aber schrie gewaltig. Mit seiner kleinen Zunge stieß es den zuckergefüllten Linnenschnuller, den ihm die Mutter zur Besänftigung in den Mund schob, immer wieder heraus. Und als dann das heilige Taufwasser im Namen des dreieinigen Gottes sich über den Kindkopf ergoß, pinkelte und pinkelte der Täufling durch alle Windeln, durch das schöne Taufkleid über die alten Hände seines eigenen Großvaters –––.
Nachdem noch dem alten Satan mit kräftigen Worten Kampf angesagt war und die heilige christliche Kirche nun ein neues Mitglied bekommen hatte, konnte man mit gutem Recht an das eigentliche Feiern gehen. Es geschah gründlich und lange. Manchen Kornschnaps mußte ich einschenken in das einzige Glas, das zu diesem Zwecke freigegeben war. Die alten Omas zierten sich erst mächtig, dann aber kippten sie die Gläser man so hinein, schüttelten sich zünftig, damit überall was hinkam von dem Branntewein. Es wurde für uns sehr spät. Auf uns allein angewiesen, hatten wir bald einen tiefen und breiten Moorgraben zu überwinden. Eine kaum fußbreite Bohle, glitschig und schwankend, mußten wir passieren. Wir haben es immerhin geschafft.
So kam es zu meiner ersten Patenschaft im Moore.

Ich muß hinzufügen, daß der Briefschreiber aus dem Moore gar manches besser erzählen könnte, als er es aufschreiben kann. Sie müssen wissen, hier wird ein Plattdeutsch gesprochen, und dieses Plattdeutsch klingt in der Übersetzung viel derber und gröber als in der Wirklichkeit. Es wird weich dahin gesagt, was im Normaldeutsch hart klingt. Und auch die Tatsachen selbst, zu ihrem rechten Verständnis gehört das Bild der Menschen, der Häuser und eine gewisse Geschichte auch –––, so wenig sie der normalen Auffassung von historischem Hintergrunde entsprechen mag. Die Verbundenheit mit dem, was für empfindsame Gemüter bis ans Schauerliche gehen kann, ist hier gar nicht so schlimm, weil's jeden Tag da ist. Und es wird sich auch gar nicht soviel dabei gedacht:
Vor einiger Zeit war in der Nachbarschaft ein kleines Kind gestorben. Ich mußte es sehen, es gehört dazu. Und als ich nun zu den Leuten kam ––– wurde ich in eine Stube geführt, in der es zwar nach Blumen roch, aber es war nichts zu sehen . . .
Dann öffnete die Frau eine Truhe, und in ihr lag, wie aus Wachs gebildet, eine kleine Braut ––– in weißem Kleid, mit Kranz und Schleier, mit Blumen überstreut ––– ein seltsames Bild fürwahr.
Und warum lag das Kind in der Truhe? –––
Erst vor wenigen Tagen verblieb ein alter Übernachbar. Achtundachtzig Jahre war er geworden, und er hatte sich bestimmt bei seinem Totbleiben nicht mehr viel gedacht, nein, er blieb so weg. – Ich hatte den Toten nicht mehr sehen wollen, man kann heute die Frage danach verneinen. Aber um die entsprechende Unterhaltung kann man sich nicht drücken. Sie wird, wie in jenem Fall, manchmal von Nachbarn bestritten, die während der Trauerzeit im Hause helfen müssen. Wir haben Sommer, es ist Junimonat. In dieser Zeit ist es nicht

einfach, die Verstorbenen während in der Regel vier- bis fünftägigen Zeit, die sie noch über der Erde stehen müssen, vor allem zu beschützen, was sie bedroht.
In dem alten Hause gab's schrecklich viele Mäuse, und man klagte am dritten Tage schon, ——— daß man – die extra füttern müsse ——— „sonst goht se noch an us Lik" ———.
Aus demselben Grunde wurde auch die kleine Braut in der Truhe aufgehoben.
Ziehen Sie ruhig eine Linie vom Eingang dieses Briefes bis zu seinem Schlusse, und Sie werden wissen, was ich meinte.
Es geht kreatürlicher zu als bei Ihnen dort.
Glauben Sie es mir.

Große und kleine Leute
Der Altenteiler
Spuk und Viehhandel
Scherzhafte Vergleiche
Schuß in der Nacht

Unser Moor hat keine Geschichte. Ich kann Ihnen daher keine historischen Reminiszenzen bringen. Es gibt weder alte Burgen und Schlösser, noch haben Grafen und Ritter bei uns hier eine Rolle gespielt. Nur am Rande des Moores und mehr der Geest zu sind alte Siedelungen. Die Geschlechter von Bauern, die dort wohnen, haben frühzeitig die ihnen nahe liegenden besseren Moorteile, vor allem das für Grünländereien gute Niederungsmoor, sich angeeignet und besitzen es zumeist noch heute.
Als im achtzehnten Jahrhundert an die Erschließung des eigentlichen Moores gegangen wurde, wehrten sich die alten Moorrandbauern erbittert gegen die neuen Siedler. Es gab Brand und Krieg. Noch in unseren Tagen besteht die alte Kluft. Auf den großen Höfen sitzen die Bauern mit dreihundert bis zu tausend und mehr Morgen Besitz, während die neueren Kolonisten nur dreißig bis siebzig Morgen haben.
Sitten und Lebensgewohnheiten bei den Großen sind natürlich breiter und behäbiger, dazu sind die Kleineren vielfach noch Pächter von dem hier im Hochmoor mangelnden Grasland und auch so von den Großen abhängig. Gemeinsam sind ihnen viele Namen, sowohl Ruf- wie Familiennamen. Es gehört allerlei Kenntnis dazu, sie auseinanderzuhalten. Moorbäuerlich geht's bei allen gleichermaßen zu, selbst wenn die Großen ein wenig in die Welt gesehen haben und oft ganz richtige Manieren zeigen. – Kommt's aber darauf an, so ist der echte Moorkopf im Handumdrehen da.
Ein besonderes Kapitel bei Großen und Kleinen sind die Zu- und Umstände, die sich nach der Hofübernahme durch die Jüngeren wegen der Altenteile ergeben. Rechte und Pflichten werden zwar nach alter Weise voraussehend zu regeln versucht, aber sehr oft geht's von nun an nicht mehr so zu, wie es in den zehn Geboten verlangt wird.
Ganz so kraß freilich auch nicht immer, wie auf dem Hofe von Jan ... Dieser Alte ist langsam etwas sonderlich geworden. Er ist auch nicht mehr ganz sauber und bei manchen Anlässen, man kann wohl sagen, unmanierlich. Aber ans Sterben denkt er nicht einmal. Man hat ihm seine Lagerstatt immer primitiver werden lassen. Er muß sein ihm zustehendes Altenteilsfutter allein verzehren. Aber er lebt weiter. Man hat daran gedacht, ihm das Leben zu verleiden, indem man ihn bange machte und ihn zu erschrecken versuchte vor dem Leben und durch den Tod, denn hier gibt's noch Geister und Gespenster, an die man glaubt. Den Tod stellt man sich vor, wie er im Kalender abgemalt ist, mit der Sense.
So bollert's denn nachts hin und wieder an Jans Fenster mit harten Knöcheln, und eine hohle Stimme ruft – „Jan, Jan, schast mitkom – hier is de Dod –––." Jan antwortet zuerst gar nicht, und das Klopfen muß sich intensiver wiederholen. Dann ertönt schließlich des Alten Stimme noch ganz kräftig ––– „Kanns mi an' Mors klein'n –––".
Er, der Alte, schert sich den Teufel um den Knochenmann, lebt weiter, verzehrt sein Altenteil zum täglichen Verdruß seiner Nachzucht und tut ihr noch nicht mal den Gefallen, sich recht zu erschrecken, geschweige denn davon zu sterben.
Der Schiffer M. und seine Jungens sind so halb und halb befahrene Seeleute. Sie haben ein richtiges Schiff von gut fünfzig Tonnen. Mit dem fahren sie Torf für andere Leute und noch Reith, ein Schilfgewächs zum Dachdecken, und kommen bis nach Holland hin. M. und seine Sippe bewohnen ein altes Haus in der Nähe unseres schiffbaren Moorflusses. Dem Alten wie den Jungen erscheint oftmals in der Nacht ein gewaltiger Hund mit radgroßen gläunigen Augen. Es versteht sich, daß der Hund schwarz ist wie die Nacht selber. Sie verjagen sich erst immer mächtig, gehen aber dann mutig auf das Untier los, nehmen die Mütze herunter und bitten Gott mit lauter Stimme um Beistand. Dann saust der Hund sogleich davon und stürzt sich mit mächtigem Plumps in einen alten Wasserpfuhl am Wege,

sowohl Funken wie auch Gestank hinterlassend. Dies passiert noch heutzutage, und Schiffer M. kann's Ihnen selbst erzählen.

Ein junger Mann hatte seine Braut besucht in einem Nachbardorfe. Es war schon Herbst. Wie es kommen kann, so kam's auch in diesem Fall --- es wurde sehr spät. Die Alten durften beileibe nicht erfahren, daß der Bursche noch spät im Hause war. So mußte ihn die Braut auf Umwegen durch den Kuhstall 'rauslassen. Es ging unauffällig.

Froh über den schönen Abend ging der junge Mann mit eiligen Schritten über wohlbekannte Wege. Da war es ihm mit einem Male, als wenn ihn von hinten ein warmer Wind anblies – es kam ihm auch vor, als habe er ein Pusten gehört. Er sah sich in der stockfinsteren Nacht um, sah nichts und hörte nichts. Ging weiter. Schon nach kurzer Zeit kam ihm dasselbe Geräusch und derselbe Luftzug an –. Er beschleunigte seine Schritte, sah sich schon nicht mehr um. Als es dann nochmal kam, fingen seine Haare so langsam an in die Höhe zu steigen --- zu laufen wagte er nicht --- er ging nur immer schneller, machte einen Umweg über eine Straße und vermied den Richteweg ---. In gewissen Zeitabständen kam stets dasselbe Geräusch und derselbe Wind. Der junge Mann war kein Feigling – nein – aber das ging doch über seinen Mut. Er besann sich auf alle möglichen Parallelfälle und überlegte scharfsinnig, wenigstens so gut es ihm die fatale Situation gestattete, was nun zu tun sei – wenn –. Er spürte nicht den eiskalten Regen – vernahm nicht mehr das Heulen des Sturms --- er hörte nur immer wieder das verdammte Pustgeräusch und verspürte den warmen Wind ---.

Allmählich kam er dem elterlichen Hof näher. Wie es in den Moorkolonien häufig ist, führt über den Moorgraben am Hause ein schmales Brett als Brücke, die den Leuten zu jeder Tag- und Nachtzeit geläufig ist. Er hörte den Graben glucksen und beschließt, daß ein Gespenst, oder was es sonst sei – vielleicht vor dem Graben zurückschrecken würde. Und springt des kalten Wassers ungeachtet mitten in den Graben. Aber, o Schrecken --- ein mächtiges Plumpsen folgt hinterher und --- es war ein kleines Kalb, welches ihm aus dem Stalle bis hierher gefolgt war ---.

Er zog es beglückt aus dem Graben, und es wird sich schon ein Weg gefunden haben, eine Lösung des schwierigen Falles meine ich –, denn er und seine Braut haben geheiratet späterhin.

Mein Freund Dirk sah immer spätabends eine fremde Katze im Stall, die ihm nicht ganz geheuer vorkam. Bis er sich eines Tages ein Herz faßte, ein altes, sehr hartes Stück Holz nahm und es der Katze ins Kreuz schmiß. Er traf aber daneben und das Holz flog dem Tier an den Kopf. Anderen Tages ging ein altes Weib im Dorfe mit arg entstelltem Gesicht umher, genau so, als hätte es ein Stück hartes Holz hineingeworfen bekommen ---.

Dieser Dirk ist Schlachter, aber ein sanftes Gemüt, denn er sieht nicht gern Blut. Er ist ein guter Kenner von Vieh und geht deswegen lieber auf den Kauf von solchem aus.

So ein richtiger Viehhandel ist für mich immer ein Vergnügen, d. h. für mich als Zuschauer. Stundenlang wird hin und her geredet, es kann sein, daß dann das Geschäft nicht zustande kommt und vertagt werden muß, weil man sich über den letzten Pfennig pro Pfund Lebendgewicht nicht einig wird. Die besten Freunde geben beim Viehhandel nichts mehr auf ihre Freundschaft, sie schreien sich laut und böse an, rennen auseinander, kommen wieder zusammen, trinken viele Biere und fangen schließlich an, sich in die Hände zu schlagen. Aber sie sind längst nicht einig, gehen erstmal hinaus und setzen sich danach gar an getrennte Tische. Dann kommen sie langsam einander wieder näher, preisen das Tier oder schmähen es, und so geht's weiter, bis vielfach die Spanne zwischen Forderung und Gebot längst versoffen ist, aber der Handel muß wie ein Sport bis zum allerletzten Handschlag ausgetragen werden. Und so geht's immer wieder.

An die Bezeichnungen für Rindvieh muß sich der Fremdling sehr gewöhnen. Kälber und Rinder gibt's freilich wie überall.
Aber dann wird's anders. Man sagt Queenen, und das sind gewissermaßen noch Rindviehjungfrauen. Eine Starke ist eine tragende Kuh, güst ist eine Kuh, die trocken steht, und bandlos nennt man ein Tier, was meist zu früh kalbt usw. In sehr derber Weise werden diese Bezeichnungen auch auf Frauensleute angewandt. Für fremde Ohren klingt es roher, als es gemeint ist.
Natürlich ist es, daß sich ein Bauer darum sorgt, wem er dereinst seinen Hof zu hinterlassen hat. Es kommt auch hier vor, daß Eheleute mal keine Kinder kriegen, und das ist schlimm, denn für wen wird sich dann eigentlich gequält? Zudem muß sich der so betroffene Mann bei allen möglichen Gelegenheiten noch tüchtig hänseln lassen für sein Pech. Ich habe oft geglaubt, es müsse gleich zu Tätlichkeiten kommen wegen der derben Anspielungen, die so fallen. Aber merkwürdig, selbst Männer, die sonst sehr empfindlich sind und die behandelt werden müssen wie rohe Eier, in diesen Fällen werden sie mehr verlegen, machen gute Miene und schieben die Schuld auf die Frau. An ihnen selbst läge es nicht, so sagen sie gern.
Da sitzen eines Abends Hinrich und Fiddi zusammen, unterhalten sich in einer Wirtschaft über dieses Thema, denn dem Fiddi geht's genau so wie vorher geschildert. Er hat schon allerhand probiert, aber nichts hat angeschlagen. Hinrich meint, Fiddi müsse seine Frau mal erschrecken, dieses habe schon manchmal geholfen. Ja, sagt Fiddi, aber wie? Hinrich macht schließlich den Vorschlag, er würde an einem zu vereinbarenden Tage zu fester Stunde mit einem Gewehr unter Fiddis Kammerfenster stehen und im rechten Augenblick schießen, aber in die Luft. Es wurde abgemacht, mit ein paar kleinen Bieren begossen, und man ging auseinander.
Hinrich verschaffte sich ein altes Jagdgewehr und fand sich wie vereinbart unter dem Kammerfenster ein. Die Kirchturmuhr schlug zehn Uhr weit ins Moor hinein, und da kam aus der Kammer auch schon der verabredete Pfiff. Hinrich drückt seinen Püster – bums – ab. Alle Hunde im weiten Umkreis fangen lauthals an zu bellen, aber Hinrich kommt ungesehen davon und trägt das befriedigte Gefühl mit sich, einer Christenpflicht genügt zu haben. Mit dem legt er sich zu Bett.
Nach einigen Wochen treffen sich beide wieder in der Wirtschaft. Sie sitzen zuerst lange wortlos da, wie immer. Schließlich fragt Hinrich so beizu – – – „na, Fiddi, wo ist's?" „Weet nich", sagt Fiddi, – – – „vorläufig hett se in' Bett scheeten – – –". Und trank mißvergnügt seinen Korn und das kleine Helle.
Das ist nun keine Geschichte für die Stadt, denn da würde solch nächtliches Schießen leicht falsch aufgefaßt werden. Aber im Moore fällt manchmal zu unjagdlicher Zeit und Stunde ein Schuß, obzwar wir heute auch einen Hegeringführer haben. Der hat aufzupassen, daß die Schonzeiten eingehalten werden für Hasen, Enten, Gänse und Hühner, viel größeres Getier gibt's im Moore nicht. Nicht geschont werden zu allen Zeiten Krähen und Elstern, und – – – auch die Christenpflicht am Menschen kennt keine Schonzeit.

Hans Saebens nannte dieses Bild „Der große und der kleine Jan“. Es gehört zu seinen bekanntesten Fotos

Birken, Sandweg, Schiffgraben und Wolkenhimmel – die bevorzugten Motive der Worpsweder Maler und Photographen

„Moler un Bur mokt in Natur" (alter Worpsweder Spruch). Die Malerin Emmi Meyer am Bergedorfer Utdamm

Kornaussaat vor fünfzig Jahren. Für den Kleinbauern im Moor war das noch Handarbeit

Eineggen der Saat. Hatten sich Pflanzenteile in der hölzernen Egge verfangen, wurde das Gerät hinten angehoben

Auf dem Heuland. Das Wenden mit dem Holzrechen und das Zusammenziehen des Grases am Abend zu kleinen Haufen – ‚Ruken' – war Frauenarbeit

Um an die Wiesen zwischen den Gräben und Wasserläufen zu gelangen, wurden ungewöhnliche Transportmittel eingesetzt; hier ein Leiterwagen auf einer Fähre aus zwei zusammengebundenen Torfschiffen

Im Sommer dienten die Torfschiffe zum Einbringen des Heus. Oft ermöglichte die Anlage der Gräben eine Verschiffung bis direkt vor die Scheune

Fähre
über die Hamme
unterhalb der
Eisenbahnbrücke

An Wiesenrändern
und feuchten
Stellen wucherte
Schilfgras, das
anstelle von Stroh
im Stall eingestreut
wurde

Roggenmähen – oft waren die Felder im Sommer noch so feucht, daß die Pferde ‚Holschen' trugen, um nicht einzusinken

Bei der Arbeit
trugen die Frauen
Schleierhüte zum
Schutz gegen Sonne
und Wind

Lag das Feld nahe, fuhr man das Getreide mit der Karre zum Hof

Kornhocken am Hang des Weyerberges – die Mechanisierung der Landwirtschaft hat auch diesen Anblick verdrängt

Der ‚Bindebaum' gab der schwankenden Fuhre Halt und Festigkeit

Die Worpsweder Mühle, heute eine der letzten noch betriebsfähigen Windmühlen im norddeutschen Raum

Das Auge der
Kamera reichte
nicht aus,
den Regenbogen im
Ganzen zu fassen.
Im Moor
überspannt er
häufig den Himmel
vollkommen,
so daß beide Enden
den Horizont
berühren

Die armen Leute
Der Gendarm
hats Wort
Der blinde König
Von Alkoholgegnern

Im letzten Brief schrieb ich über große und kleine Leute mit großen und kleinen Höfen im Moor. Diese dürfen Sie nicht mit ähnlich umfänglichen in gesegneteren Gegenden vergleichen, denn die Erträge sind hierzulande immer kümmerlich und bescheiden. Es leben aber bei uns noch viele Moorleute unter ganz kleinen und armen Verhältnissen. Sie wurden entweder von vornherein auf Zwergstellen angesetzt, weil man meinte, sie könnten vom Torfgraben leben. Oder sie sitzen auf Anwesen, die im Laufe der Zeit durch Verkauf und Erbteilung so klein geworden sind, daß darauf sich zu leben nicht und zu sterben kaum verlohnt. Zumeist sind diese Hütten schon von außen rein jämmerlich anzusehen. Sie wirken, als wären sie niedersächsische Bauernhäuser in Miniatur. Hauptraum ist eine Art Diele, auf der oft noch der Kessel am Haken hängt über einem Feuer auf der blanken Erde. Manchmal ist heute statt dessen ein wackeliger Eisenherd da, dessen Rauch aber einfach und ohne Schornstein in den Raum geht. Wenn etwas Getier vorhanden ist, eine Ziege oder gar ein Schwein, dann steht's auch hier. Hinter der Diele sind in der Regel zwei Gelasse, Kammern genannt, zum Schlafen für oft viele Menschen.

Die Hütten stehen durchweg auf schlechtem Baugrund. Dies und die armselige Bauart machen die Häuser krumm und schief. Die Strohbedachung ist an sich für die hiesige Gegend sehr gut und warm, aber nur, wenn die Dächer heil sind. Fenster sind meist nicht zum Öffnen oder zugenagelt, so daß der Ein- und Ausgang für Rauch und Luft nur im Dielentor besteht. Für einen Fremdling ist es zuerst schwer, im blauen Torfrauch der Hütte etwas zu sehen, und auch das Luftholen wird ihm nicht leicht. Die Gerüche sind, sofern der Torf sie nicht übertönt, begreiflicherweise fatal. Kurzum, diese Bilder und Milieus sind für Maler und Poeten ergiebiger denn für Sozialpolitiker. Aber es kommen bislang nur wenige dorthin. Die Wege sind im Verhältnis genau so wie die Wohnungen. Nur die Moorleute selber wissen mit großer Geschicklichkeit darauf zu radeln und zu fahren.

Vor etwa vierzehn Tagen war ich auf dem Klinkerberge, einem Sandhügel von ein paar Metern Höhe. Dort wollte ich einen alten Mann besuchen, bei dem ich im Herbste zuletzt gewesen war. Er lebte in einer derartigen Hütte und klagte mir damals sein Leid, weil seine alte Frau nach langer Krankheit totgeblieben war und ihn nun mit einem heiseren und fast blinden Hunde allein gelassen hatte. Die Hütte hatte, außer dem Feuer auf der blanken Erde, keinen Ofen.

Also, ich wollte ihn besuchen, sah aber schon von Ferne andere Leute am Hause. Der Alte war im Januar nun auch abgeschieden, und das kam so: Die ewig nasse Luft auch im Hause hatte bei starkem Froste Glatteis gemacht. Er war ausgerutscht und in sein eigenes Feuer gefallen. Brandwunden und der Schrecken verursachten seinen Tod. Die Nachfolger, junge Leute, hatten inzwischen eine große Verbesserung geschaffen. Ein Herd mit etwa einem Meter Ofenrohr stand da, und aus dem kam blauer Torfrauch unter den Balken.

Torf ist das Material, was hier nicht nur verbrannt wird, sondern aus dem auch mancherlei nützliche Dinge gebaut werden. Brunnen werden mit ihm seit alter Zeit ausgemauert und halten gut. Für verwöhnte Städter sieht das Wasser nicht gerade schön aus. Sodann bauen arme Leute auch warme Ställe für Ziegen und Karnickel aus Torf.

Wintertags kann man sich am Klinkerberge wie bei Jack London in Alaska vorkommen, zumal wenn die Schneestürme rasen. Aber die Leute leben weiß Gott. Im kurzen Sommer sind sie sogar ganz fröhlich. Im Winter freilich kann man das nicht erwarten.

In der Nähe dieses Klinkerberges wohnen in eben einem solchen Hause ein paar alte Leute auf Gemeindekosten. Darunter ist auch eine Alte – so krumm ist sie und triefäugig, daß man sich erschrecken kann. Der Torfrauch hat dunkle Spuren in allen Falten, die man nur sehen kann, hinterlassen. Die Alte geht nun tagtäglich los, um zu der gemeindeseitigen

Unterhaltsration noch etwas dazu zu betteln, obwohl es streng untersagt ist. Vor einiger Zeit wird sie vom Gendarmen auf einem solchen Gange angehalten. Sie steht vor ihm und antwortet auf seine Vorhaltungen mit keinem Wort. Er redet weiter auf sie ein, eindringlich, sie sagt keinen Ton, sondern wischt nur dann und wann mit der Hand an der Nase. Mit einem Male passiert ihr was Menschliches, das heißt, sie läßt einen für ihre Größe gewaltigen Wind fahren. Als der weg war, dreht sie sich langsam nach ihrer eigenen Hinterseite und sagt dahin gerichtet – „Wes still, min Mors, de Schandarm het' Wort –."
Überhaupt, was rechte Antworten und Bezeichnungen angeht, so erlebt man hier im Moor mehr als man vermutet. Ich werde mich wahren an Sie von Politik zu schreiben. Und auch die Moorleute sind darin besonders vorsichtig. Natürlich sind sie bemüht, ihre Pflicht und Schuldigkeit zu tun, sie hören aber lieber zu, als daß sie selbst was sagen. Und wenn in einer Wirtschaft bei Korn und Bier einer kannegießern möchte, so läßt man's erst angehen bis zu dem Punkte, wo Meinungsverschiedenheiten aufzukommen Gefahr besteht. Dann sagt einer oder auch der Wirtsmann, es wäre nun Zeit, des blinden Königs zu gedenken und auf sein Wohl zu trinken. Und es geschieht so. Der blinde König ist aber nun vor siebzig Jahren von Bismarck abgesetzt und vor sechzig Jahren schon gestorben. Es tut nichts, man läßt ihn hochleben und singt wohl auch später noch das Lied vom Fürsten, der im fremden Lande gestorben ist und seines Königsreichs beraubt war, woraus sich die Treue reimt, an die man fest geglaubt hat.
Da wären wir nun wieder in Wirtshäusern gewesen. Nun will ich Ihnen aber vom Gegenteil was sagen. Wir haben nämlich hier auch Antialkoholiker. sie sind in der Loge – sprich Loge, wie du schreibst ––– „Bergesglück" vereinigt. Von einigen Frauen abgesehen, die keinen Alkohol kennen, sind aber meist Männer Mitglied, die einstmals mächtig einen zu heben verstanden. Ich sage nichts gegen die Logen. Aber für diejenigen, die sich um die Mitgliedschaft zu drücken verstanden, ist es ein Heidenspaß, der ehemaligen Trinkleistungen dieser Logenbrüder zu gedenken, die heute nun wütende Bier- und Branntweingegner sind. Diese dagegen sind Tag und Nacht bemüht, Männer, die im Rufe stehen, öfters besoffen zu sein, ihrer Laster mit List und Gewalt zu entwöhnen. Die Frauen kriegen sie meist bald für ihre Pläne herum, aber die Süffels selbst zu bekommen, erfordert langen Kampf.
Täglich wandert unter meinem Fenster Bruder Heini vorbei. Er ist heute alt und betagt und lebt von einer Rente in einem schmucken kleinen Häuschen. Ehemals aber hat er mächtig einen geschmettert , und das kam immer folgendermaßen:
Er ging an einem Abend von Gasthaus zu Gasthaus und trank und redete. Anderen Tages kam es ihm vor, als habe er irgendwo Dummes oder Unrechtes geredet, was er nicht verantworten könne. Dann ging er abends wieder los von Wirtschaft zu Wirtschaft –––, wir haben bei tausend Einwohnern vierzehn solche mit Konzession –, und überall mußte er ängstlich nachfragen, ob er denn was Verkehrtes gesagt habe. Da er ja überall auch eine Kleinigkeit verzehren mußte, so wurde er langsam wieder voll.
Am folgenden Morgen aber war es ihm genau so, als habe er am Abend vorher etwas Verkehrtes gesagt, welches zu erkunden am folgenden Abend ihm unbedingt notwendig erscheinen mußte ––– und so weiter, immer wieder.
Bis eines schönen Sommerabends, gerade als er an einer Theke stand, über unserm Dorf ein Gewitter aufzog. Es wurde schlimm, aber Heini ließ sich nicht stören, bis es ihm zu dumm wurde und er wütend meinte: der gläunige Dunnerslag solle doch gleich in seine alte Hütte da unten schlagen ––– und bums – da brannte sie auch schon lichterloh. Seit der Zeit wohnt er in einem neuen Hause mit hartem Dach – vorher war Stroh drauf – und ist ein ausdauerndes, eifriges Mitglied der Loge „Bergesglück".

Liebesfreud und Liebesleid
Ernst und Scherz zu diesem Kapitel
Die Ausrede

Als gewissenhafter Briefschreiber muß ich Ihnen auch etwas über Liebesfreuden und Liebesleiden im Moore mitteilen. Es müßte sonderbar sein, wenn es hier damit anders beschaffen wäre als in der übrigen Welt. Und in der Tat, es wird hier auch geliebt des Liebeszweckes halber, es wird geliebt mit und ohne den Willen zum Ehebund. Dieser wird nicht selten ohne Liebe geschlossen. Manchmal führt auch große Liebe zu gar nichts.
Die Jugend stürzt sich meist ohne jeglichen Sinn und Verstand in Liebesabenteuer; das Alter oft genug ebenso. In mittlerer Lebenszeit bestimmen Sonderumstände besondere Handlungen dieser Art. Doch gilt wie immer, daß keine Regel ohne Ausnahme bleibt.
Moorluft und Moorklima sollen besonders anregend sein, wird gesagt. Ich glaube mehr daran, daß Einsamkeit und Langeweile, zumal in der Winterszeit, Grund und Ursache für mache Seltenheiten sind. Die einen werden sinnig davon, bedenklich und zeitweilig tiefsinnig. Anderen schlägt's woanders hin, und sie werden unbedenklich. Was schöner ist oder schlimmer, Gott allein kann's wissen.
Sehr junge Väter gibt's im Moore oft genug, junge Mütter auch, und diesen sieht man es eher an als jenen. Manche kommen dann gleich unter die Haube. Andere sitzen mit ihrer Bescherung da, und nicht allemal ist der Vater zu finden.
Es kommt vor, daß die Liebe Stand und Geld überwindet. Alte Kracher steigen noch hinter jungen Frauen her und kriegen sie auch. Alte Mädchen vermögen oft junge Burschen zu fesseln, so daß man sich wundern kann. Vor einigen Tagen traf ich ein solches Paar am Werktag im Sonntagszeug. Auf meine Frage wohin und was, wurde mir zur Antwort, er bringe sie zum Zahndoktor und dann werde geheiratet. Es war auffallend nötig, und sie ist gut zehn Jahre älter als er.
Tapferkeit vor dem Feinde und dieselbe Tugend in Liebessachen sind nicht immer in einer Haut. Das kann zu tragischen Verwicklungen führen. Doch geht's gottlob meist komisch aus.
Bleiben wir lieber bei dieser Seite. Komisch ist es immer, wenn Männer im Wirtshaus gewaltig über Mut und Kraft reden. Sie haben dann die Feinde im Kriege und wohl auch näher bei uns man so bums in den Boden geschlagen und besingen's mit Heldenliedern, stehen gar auf dabei --- „Siegreich woll'n wir ---", bis es mit einem Male mit harten Knöcheln ans Fenster knallt. Der Sang verstummt, es wird mäuschenstill im Lokal, und alle die, die momentan vom Schicksal verschont blieben, vernehmen beklommen, wie der folgsame Held noch in Hörweite von seiner wachsamen Hausehre mit häßlichen Schimpfworten bedacht und abgeführt wird, wenn er nicht gar den Handrücken zu fühlen kriegt, der eben so voller Energie ans Fenster schlug. Die Rückbleibenden neigen zu mehr oder minder aufschneiderischen Darstellungen ihrer eigenen ehelichen Position. Es ist schwer festzustellen, wem und was für den Ernstfall geglaubt wird.
Der ehelichen Auseinandersetzungsarten gibt's auch hier viele. Bei Diedrich ist es so: Er kommt nach Hause, fühlt seine Stellung wanken und verzieht sich sogleich auf den Ort, allwo jeder mit sich allein fertig werden soll. Seine Alte steht zorngeladen davor, schreit ihm die gröblichsten Schmähungen und Beleidigungen durchs Herz, die einem Manne nur angetan werden können. Er sitzt gramgebeugt, tut stark beschäftigt und denkt nicht daran, seine Stellung sobald zu räumen, sofern nur der Riegel hält. Die Nachbarn kennen den Lärm, hören aber dennoch erfreut zu.
Erstaunlich ist das Feingefühl der Wirte, wenn es für die Gäste brenzlig wird. Es gibt nämlich auch Ehefrauen, die nicht unbeherrscht ans Fenster bollern, sondern lieber in die Gaststube kommen, um selbst zu sehen, was denn nun den Rumtreiber veranlassen konnte,

so seßhaft zu sein. Zumeist wird dann schnell Zahlung verlangt, und es kommt mit einem nur dem Erfahrenen merkbaren Augenzwinkern eine verdammt kleine Rechnung heraus. Der Groll der Ehehälfte ist nur halb so schlimm, wenn der Rausch nicht viel Bargeld verschlungen hat. Und der Wirt kennt seine Gäste.

Wir alle wissen's von uns selber: auch schon im Vorhofe des Eheglücks kommen Meinungsverschiedenheiten vor. An einem schönen milden Sommerabend begegnet mir auf der Landstraße eine Deern, die weinend ihr Rad schiebt. Ich frage teilnahmsvoll nach dem Grunde, sie konnte ihn voller Kummer nicht nennen, wollte es aber anderen Tages tun, und ging untröstlich weiter. Die Aufklärung folgte. Trina ging mit ihm schon manchen Tag. Nun wurde ihr berichtet, er treibe es auf dem Schützenfest im Nachbardorfe mit einer anderen. Sie stieg kurz entschlossen aufs Rad, fuhr dahin, fand ihn aber nicht im Zelte und nicht im Dunkeln. Von einer düsteren Ahnung getrieben, suchte sie das Haus der Rivalin. Dort stand tatsächlich das Rad des Treulosen unter dem Kammerfenster. Das Haus war zu, doch es war unverkennbar, hier ging die Untreue vor sich.

Trina verlor die Fassung, wankte davon, und ich traf sie so auf der Landstraße. Am anderen Tage stellte sie ihn resolut zur Rede. Er suchte Ausflüchte, aber die Tatsachen erdrückten ihn. Nur noch nach Milderungsgründen stand sein Trachten. Und er fand einen solchen. ––– „Trina“, sagte er mit enger Kehle, „Trina, ich wollte dir ja nur schonen –––“, worauf sie unter leidenschaftlichem Schluchzen ausrief ––– „Du brauchst mir aber gar nicht zu schonen“ –––.

Und Untreue aus Rücksichtnahme wurde durch Opferbereitschaft besiegt.

Es gibt aber auch Fälle von Treulosigkeit, die für die Betroffenen viel schwerer sind und für die Umwelt ein Ärgernis abgeben.

In einem Moordorfe sah ich ein einsames, ganz zerfallenes Haus. Ich befragte Leute gelegentlich deshalb und erfuhr die folgende Geschichte dazu:

Es lebte in der Gegend ein Pastor mit seiner Frau. Sie hatten einen Sohn. Der Junge tat nicht gut und wollte nicht recht was werden. Man schickte ihn auf eine auswärtige Schule. Die Frau Pastor wurde kränklich und verstarb bald. Der Pastor blieb nun ganz allein. Er empfand es schwer und bekam ein Sehnen trotz seiner Jahre, suchte und fand eine junge Genossin für seine einsamen Tage und Nächte. Nach Verlauf der Trauerzeit machte er sie zur Frau Pastor, um einen neuen Frühling zu erleben. Das geschieht ja oft und kann auch für ganz in Ordnung befunden werden.

Nach einiger Zeit kam der Sohn zurück ins Haus, hatte nicht recht was zu tun, und die Stiefmutter fand ihn reizender als den Vater. Derselbe, als ihm die Augen auf- und übergingen, hätte nun vernünftigerweise den Jungen oder noch besser alle beide aus dem Hause werfen sollen. Er tat es nicht, grämte sich tief und vermeinte schließlich mit Hilfe von Branntewein besser über seinen Kummer und die erneute wesentlich unangenehmere Einsamkeit hinwegzukommen. Der Zustand wuchs sich aus, der Schmerz des Alten auch, und es wurde täglich mehr Schnaps nötig. Unter dem verheerenden Einfluß der Dreiheit Skandal, Schmerz und Alkohol machte der Pastor endlich sein häusliches Elend zum Predigtthema. Sich selbst zur Erleichterung, den Gläubigen zum warnenden Exempel. Die Kirche wurde sehr gut besucht, besser denn zu der Zeit, da es in der Pastorei ruhiger und bei der Predigt langweiliger zuging. Doch letzten Endes wurde eingegriffen. Der Pastor wurde zum Emeritus, bezog das nunmehr verfallene Haus und starb bald an Kummer und am Schnaps, die allein ihm von seinem Glück und Unglück verblieben waren.

Das ehebrecherische Paar verscholl. Ich gebe in dürren Worten wieder, was doch ein Drama ergeben könnte.

Eine Kopie dieses Beispieles unter nichtakademischen Verhältnissen gibt's im Moore noch

heute. Aber da ist eine Scheidung zwischen dem alten Mann und der jungen Frau erfolgt und ein neuer Eheschluß mit dem Sohne. Sie wohnen zu dritt in einer Kammer.
Sie ersehen ja, es ist hier mit Liebesglück und Liebesleid bestellt wie in aller Welt, ich sagte es ja gleich. Aus lieblichem Vergnügen kann bitterer Ernst kommen. Man ersehnt die Folgen oft und befürchtet sie manchmal. Das Ideale läßt sich nicht heraufbeschwören, ebensowenig anordnen, und doch müssen Kirche und Staat beides immer wieder tun.
Vor dem Standesbeamten wird in Zeugengegenwart Schweres versprochen mit leichtem Herzen. In der Kirche unter leisem Orgelspiel meist noch einmal. Aller Augen werden naß, wenn das Lied erklingt: „Wo du hingehest, da will auch ich hingehen" --- und wer nicht weinen kann dabei, der gilt nicht als wert, dabei zu sein.
Doch schon bei der Hochzeitsfeier, nach reichlichem Mahle und nach vielem Trinken, und wenn dann der Tanz, gründlich betrieben, ein Weiteres tut bis zum anderen Morgen, wer dachte noch an die Schwere des Sakramentes? Aber die Bibel hat tröstliche Worte und meint: selbst der Gerechte fällt am Tage siebenmal, wie weiter: man soll dem Bruder, der da fällt, nicht siebenmal, sondern siebenzig mal siebenmal vergeben. ---

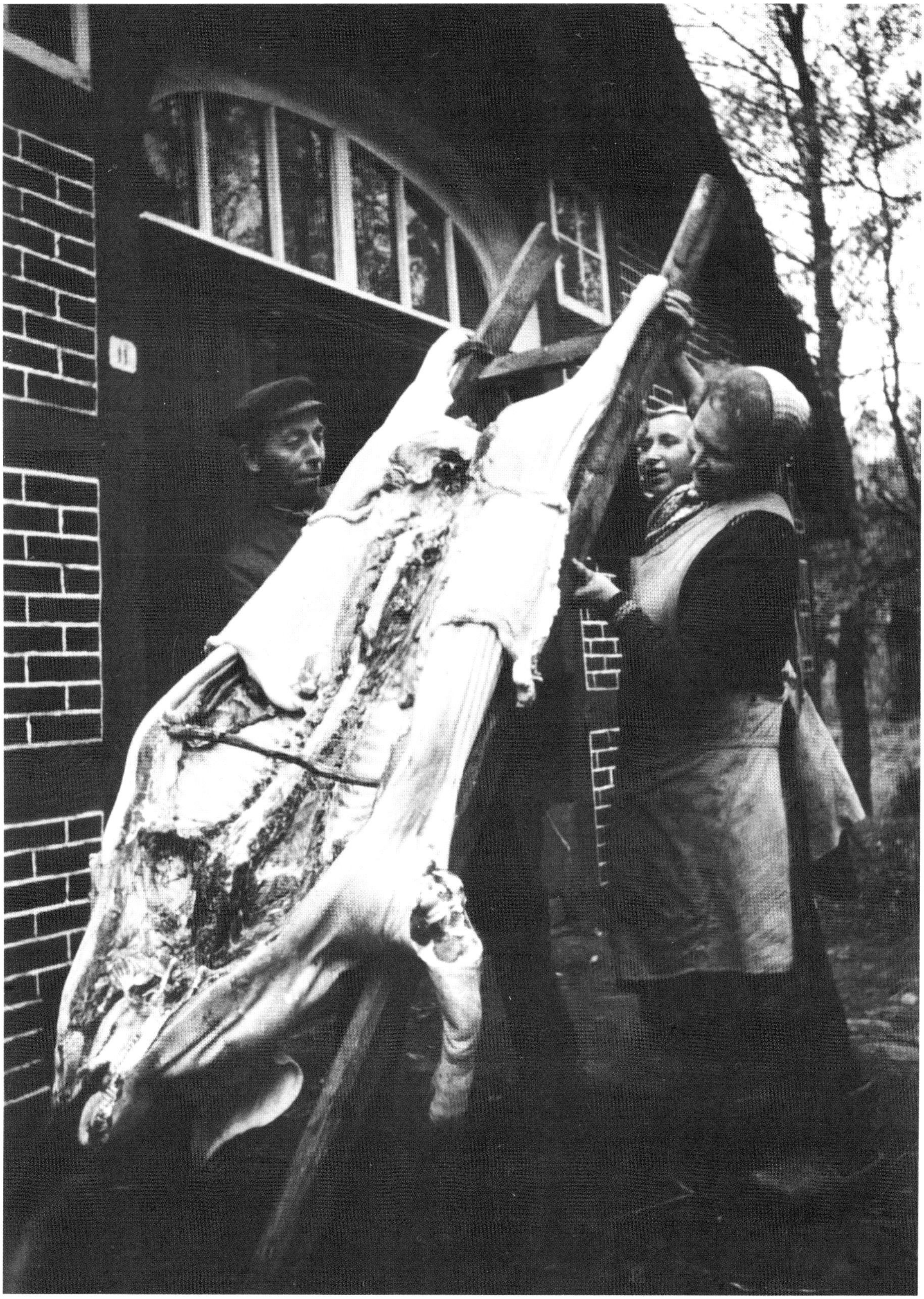

Im Spätherbst begann die Zeit der Schlachtfeste

Größere Feste feierte man in der geräumigen Diele. Bei Hochzeiten und Tanzereien mußten die Kühe mit Planen abgeschirmt werden, sie nahmen sonst ununterbrochen brüllend am Geschehen teil

Starb ein Mitglied der Familie, wurde es in der Diele aufgebahrt, bis Angehörige und Nachbarn Abschied genommen hatten

Alle zwei Wochen wurde die Diele zur Backstube. Auf jedem Bauernhof stellte man eigenes Brot her

Im abseits gelegenen Backofen, der mit Torfglut aufgeheizt war, wurde hintereinander Schwarz- und Graubrot gebacken, vorweg kam der Butterkuchen

Krankheiten und ihre Behandlung
Ärzte und Apotheken
Tropfen und Pulver
Vom Sterben

Viele Menschen reden gern über Krankheiten. Es braucht nur einer davon anzufangen, und sogleich können es die anderen gar nicht abwarten, um auch ihrerseits davon mitzureden. Es versteht sich, daß es bei uns im Moore auch so ist. Man sagt unserer Gegend nach, sie sei ungesund. Lange Winter und viel Nässe, Wind und schwere Nebel, dicke Luft und schlechtes Wasser, dies alles könne doch nicht bekömmlich sein. Aber es werden viele Leute alt – sogar sehr alt, trotz alledem.

Hier spielen Tropfen und Pulver eine große Rolle, mögen sie nun richtig aus der Apotheke kommen, von einem patentierten Pharmazeuten, oder mögen sie aus der „lüttjen Apotheke“ stammen, das heißt von kräuter- und säftekundigen Moorleuten zusammengebraut sein. Und wenn Ihnen alte Leute weitschweifig erzählen wollen, wie sie dieses oder jenes schwere Übel weggekriegt haben, dann will ich schon nach wenigen Worten darauf schwören, sie haben den eigenen Urin mit Erfolg getrunken.

Wie in anderen Berufen, so teilen auch die Moorärzte das Jahr nach Maßgabe der Sonderbeschäftigungen, ––– saisonmäßig, – ein.

Wenn hier Glatteis kommt, ist es ganz schlimm auf den Straßen und Dämmen. Über Holzschuhe und Stiefel, so diese vorhanden sind, müssen dicke Strümpfe gezogen werden. Dennoch ist nun die Zeit der Knochenbrüche. Schienen und Latten werden für die Verbände bereitgelegt.

Die schwere Torfarbeit ruft regelmäßig viele Früh- und Fehlgeburten herbei, weil die Frauen bis zuletzt Karren schieben und Lasten heben.

Nach der üblichen Frist kommen die Schützenfestkinder an, meist bei jungen, unerfahrenen Dingern.

Mit den Frühjahrs- und Herbstäquinoktialstürmen setzt das Sterben der Alten und Siechen ein. –––

In diesen Wochen ist täglich mittags zwölf Uhr nach dem Anschlagen der Betglocke das Totengeläut weit übers Moor zu hören. „Wen hat's getroffen“, fragt man ––– und bläst über den heißen Suppenlöffel, sofern es nicht dicht dabei ist.

Und so einer am hellen Mittag im Wirtshaus hängenblieb, setzt er schaudernd einen Schnaps noch drauf ––– um ihn für alle Fälle zu haben.

Genug, die Moorärzte haben es nicht leicht mit ihren Kunden. Erst mal wird gewartet, bis die Krankheit die möglichst schlimmste Form angenommen hat. Ist dann der Doktor endlich geholt, so geht ein großes Weh und Ach los. Aber den Anordnungen, ja schon der Diagnose des Medizinmannes, steht man äußerst mißtrauisch gegenüber, und es heißt immer gleich ––– „Jo, aber Oma het segt –––“, und sie hat meist genau das Gegenteil gesagt. Zehnmal wird frische Luft verordnet. Kaum ist der Doktor 'raus, werden die Fenster auch schon wieder verschlossen, so dicht es nur geht.

Zu Anfang meines Hierseins hatte ich in einem Nachbardorfe in einem Hause zu tun, in dem zwei Schwestern lebten. Beide liebten einen Mann, und jede bekam von ihm ein Kind. Eine konnte aber nur geehelicht werden, was auch geschah. Kurz und gut, ich betrat das Haus und fand die ehefräuliche Mutter mit ihrem kranken Kinde vor dem Ofen sitzen. Dieser glühte wie immer, wenn jemand krank ist im Hause. Das Kind war schon fast tot, die kleine Fontanelle tief eingefallen. Medizin stand unangebrochen auf der Fensterbank. Ich sagte, das Kind läge doch wohl besser im Bette. Aber meine Meinung wurde mit einem bitterbösen Blick belohnt, denn solches hatte der Doktor auch verordnet. Die Frau rückte mit dem armen Würmlein immer näher an die glühheiße Ofenröhre und schaukelte es hin und her. Es schnob gottsjämmerlich. Und mir wurde ganz elend bei soviel Unverstand.

Ich verließ das Haus und sah vor der Tür die ledige Schwester mit ihrem gesunden Balg. Sie schäkerte damit sehr laut, denn sie haßte ihre Schwester aus Rivalität.
Noch oft habe ich sehen müssen, daß dies der Regelfall von Krankenbehandlung ist, und es wird vorläufig auch so bleiben.
Da ansteckende Krankheiten hier nicht selten sind, muß man verwundert sein, daß es immer noch gelinder abgeht, als man normalerweise annehmen könnte. Wärme ist das Allheilmittel. Kommt man zur Winterszeit oder an Sommertagen in ein Haus, in dem einer krank ist, dann sieht man ihn von oben bis unten eingewickelt am Ofen, einen heißen Ziegelstein unter den Füßen und selten allein. Wenn es die Zeit nur irgendwie erlaubt, kommen die Nachbarn dazu. Werden sie vom Arzt verscheucht, ist doch bald die Stube wieder voll.
Die Leute in den besten Jahren haben tüchtig Angst vor dem Tode. Die Alten und ganz Alten dagegen nicht; oft warten sie direkt auf ihn. Sie haben genug vom irdischen Dasein und wollen ihre Ruhe haben.
Ein Altenteiler starb im verflossenen Winter. Er ging am Nachmittag zum Barbier und ließ sich schön machen. Heimgekehrt, legte er sich bald ins Bett. In der folgenden Nacht kalbte auf der Diele eine Kuh, und es gab große Unruhe im Haus. Mit einem Male steckt der Alte seinen Kopf aus der Kammertür und schreit, man solle doch etwas stiller sein, damit er wenigstens in Ruhe sterben könne. Die Hausleute gaben nicht viel auf diese Worte, denn die Kuh kalbte sehr schwer, und ein Unglück im Stall ist schlimm.
Anderntags ließ sich der Vater nicht blicken. Als schließlich nachgesehen wurde, da lag er tot und gerade auf seinem Bett. War sauber gewaschen und rasiert. Man hatte keine große Mühe mehr mit ihm.
Früher brachten sich viele Leute um, zumeist durch Erhängen. Wie hätten sie es auch anders machen sollen? Heutzutage kommt es nicht mehr so oft vor. Aber hin und wieder doch noch.
Da hatte vor einiger Zeit auch einer zum Strick gegriffen. Die Söhne riefen den Arzt. Bis der aber hinkam, war eine ganze Zeit vergangen. Warum sie ihn nicht gleich abgeschnitten und wann sie ihn gefunden hätten? Es war schon zwei Stunden her. Nun meinte der Doktor, denn sollten sie ihn nun man abschneiden.
Der Tote hing unter dem Balken. Der Doktor wartete unten. Mit einem Male kam die Leiche durch die Luke von oben auf der Leiter heruntergerutscht, ziemlich schnell --- und sackte unten zusammen. Na, meinte der Arzt, wenn er noch nicht tot gewesen sein sollte ---, nun wäre er es bestimmt. Und bescheinigte es.
So gern man sich hier über Krankheiten und Gebrechen unterhält, so ungern sieht man diese Sachen in Bild und Schrift, wenn das zum Zwecke der Aufklärung und Belehrung dienen soll. So was geht ihnen auf die Nerven.
Des einen Tod, des anderen Brot, so sagt man allerorts. Bei uns hier meinen die Leichenträger, wenn sie von einer Bestattung kommen und einen Teil des dafür erhaltenen Talers in Branntewein umsetzen. „Ja, in der Bibel stände schon ‚Sterben ist mein Gewinn‘ ---.“ Und setzen noch einen Schnaps darauf.

Frühstückspause
bei der
Frühjahrsbestellung

Es war nicht üblich, die Kühe im Sommer auf die Weide zu bringen. Der tägliche Futterbedarf wurde in Hausnähe gemäht

Hanf wurde auf jedem Hof angebaut, im Winter gesponnen und zu grobem Gewebe verarbeitet. Die harten Stiele ließen sich nicht abmähen, sie wurden mit der Wurzel ausgerissen

Reith war als Dachbedeckung dauerhafter als das traditionelle Stroh, das in der eigenen Landwirtschaft anfiel

Der
Reithdachdecker –
heute ein gesuchter
Spezialist

Jeder Bauernhof hatte seinen Brunnen, den Sod, wie man hier sagt

Wie man es mit der Religion hält
Hochzeit und Bestattung
Im Himmel
Der vertauschte Opa

Wechselvoll und nicht immer heiter geht's im Moore zu, das werden Sie nun schon gemerkt haben.
Das Leben ist schwer. Die einen meinen es besser zu zwingen, wenn sie im Glauben bleiben von der Jugend bis zum Alter, sei es nun nach papistischer Observanz oder nach Dr. Martin Luthers Katechismus.
Andere sagen, damit habe es noch Zeit bis auf die alten Tage. Sie leben nicht fromm und stellen ihre Zugehörigkeit zur Christengemeinschaft nur an hohen Festtagen durch Kirchgang unter Beweis.
Wieder welche sehen die Welt und das Leben reinewegs pessimistisch an. Finden, daß alles eine langweilige Wiederholung von schon millionenfach Geschehenem ist und glauben an gar nichts.
Hier hält man es mit der Religion, und mit der evangelisch-lutherischen. In der Kindheit gehört's zur Erziehung. Dann folgt meist eine etwas gleichgültige Epoche. Aber bei zunehmendem Alter wendet man sich wieder mehr zum Herrgott, besonders wenn Krankheit und Unglück nicht ausbleiben. Die Alten werden vielfach sogar strenggläubig.
Im Alltag ist vom christlichen Leben nicht gar zuviel zu verspüren. Aber Taufe, Konfirmation, Hochzeit und Begräbnis werden gefeiert, wie es Brauch und Sitte erfordern.
Über eine Kindtaufe hatte ich Ihnen schon einmal geschrieben. Die Konfirmation wird in der Kirche begangen, wie anderswo auch. In den Häusern wird diese Feier aber hier sehr ausgedehnt. Von Gründonnerstag bis Ostermontag dauern die Konfirmationsbesuche an. Es werden reiche Geschenke gebracht, und viel Kaffee und Kuchen wird gegeben.
Bei Hochzeiten geht's hoch her. Der Hochzeitsbitter ladet nach Häusern ein. So können hundert Häuser mit drei-, sogar vierhundert Personen zusammenkommen. Alle Nachbarn müssen helfen. Gewaltige Massen an nahrhaften Suppen werden gekocht. Riesige Braten kommen auf den Tisch, von den Zutaten gar nicht zu sprechen. Es wird geradezu unheimlich gegessen und ebenso pokuliert. Der Fremdling wundert sich allemal über den großen Aufwand, den selbst kleine Leute treiben. Doch wird es verständlicher, wenn man hört, daß die Gäste nicht nur Geschenke darbringen, sondern daß jeder Teilnehmer auch bares Geld opfern muß. So drei bis vier Mark für den Kopf ist die Regel.
Das Festmahl wird in Abteilungen auf der großen Diele verzehrt. Nach ihm hebt ein großes Tanzen an. Auf der Diele wird Häcksel gestreut, damit es glatt ist, und dann geht es los. Das Vieh sieht verwundert in den Trubel hinein. Bald lagert eine dichte Staub- und Rauchwolke über allem, die Kehlen werden schnell trocken und müssen wieder befeuchtet werden. Die alten Männer spielen Karten, die alten Frauen trinken unentwegt Kaffee. Nur wenn die alten schönen Tänze kommen, wagen sie es auch noch einmal.
So geht es nun meist bis in den hohen hellen Tag. Oftmals gibt's auch Krach dabei. Ich fragte kürzlich eine Deern, wie es gewesen sei. „Oh, fein", sagte sie, „die Herren haben sich auch geschlagen ---."
Ohne gründliche Nachfeier geht es auch nicht ab.
Über das Leben nach dem Tode bespricht man sich gern bei uns. Erst mal ist man froh, daß es dann mit der schweren Arbeit vorbei ist, und vermeint dann, das tun zu können, wozu man im Leben weder Zeit noch Mittel hatte. Neulich hörte ich, wie ein paar ergraute Männer allen Ernstes meinten, im Himmel könnten sie richtig auf Jagd gehen, so nach Herzenslust den ganzen Tag schießen, ohne Beachtung der Schonzeit. Und jeden Abend würden sie Hasensilvester feiern. Der Jagdschein koste im Himmel nichts, und Patronen gäbe es wohl auch gratis. Bloß wie die Hasen, die Hühner, die Enten und die Gänse in den Jagdhimmel kämen, das wollte ihnen nicht klarwerden.

Ein alter Mann saß in der Nähe und meinte, das sei ja reinewegs heidnisch dahingeredet. Er selber wäre nun über die Achtzig hinaus. Mit Mädchen und so wolle es bei ihm nicht mehr recht gehen. Was habe er noch vom Leben? Er würde gewiß nun bald totbleiben, und wenn er dann so von da oben heruntersähe aufs Moor, dann hätte er mehr Spaß. Dann sehe er auf die ganz lüttjen Grabenstreifen herab, um die seine Nachbarn schon seit acht Jahren prozeßten, und dann sei es für ihn von da oben doch ein so ganz kleiner Schiet ---. Dabei machte er mit seinen alten, krummen Fingern vor, wie klein doch der Schiet wäre ---, soo ganz klein. Und das sei doch fein, so von oben, vom Himmel her alles so zu sehen.
Das sind ja nun nicht gerade christliche Vorstellungen, aber bei den Totenfeiern und Begräbnissen geht es doch christlich zu, sehr eindrucksvoll und ernst. Die Moorleute wollen nicht gern in der Nässe begraben werden, in der sie ihr Leben lang herumkleien mußten. Die wenigen Friedhöfe sind deswegen auf ein paar Sandhügel verlegt, wie die Kirchen auch.
Es ist manchmal schwer, in Winterzeit zu den Begräbnisstätten zu gelangen. Die Wege sind dann grundlos. Überschwemmungen kommen dazu, denn die kleinen Moorflüsse liegen noch im Wechsel der Gezeiten. Ebbe und Flut machen sich hier bemerkbar. Und so müssen im weiten Moor die Toten manchmal länger auf ihr letztes Bett warten, als es in der Welt, von Ausnahmen abgesehen, üblich ist. Für solche zu erwartenden Fälle werden deshalb in den einsamen Moorhäusern ein oder zwei Särge bereitgehalten, wogegen in den Dörfern, die an der Straße liegen, der Sarg von Fall zu Fall angemessen werden kann.
Damit nun diese Behältnisse auf Vorrat zu was nütze sind, dienen sie meist zum Aufbewahren von Trockenobst oder dergleichen.
In einem solchen Hause war der Großvater totgeblieben, und zwar bei Wetterverhältnissen, die eine Bestattung nicht zuließen. Er wurde eingesargt und vorläufig unter den Balken gestellt. Das Wetter schlug um. Der Leib konnte begraben werden nach Regel und Brauch. Einige Zeit darauf kam die Magd erschrocken vom Boden und meinte, sie müßten nun noch mal zum Kirchhof, die Trockenbeeren wären aus Versehen beerdigt worden ---.
Ich sagte schon, die Feiern selbst sind eindrucksvoll. Die Trauerzüge aber sind richtig traurig.
Voraus geht der Kantor mit einigen kleinen Mädchen. Die singen mit dünnen Stimmen Lieder aus dem Gesangbuche. Dann kommt der Anführer der Leichenträger in einem alten, schon grünlichen Rock mit hohem Kragen und einem Zweispitz. Es folgt ein schmales uraltes Möbel als Leichenwagen, gezogen von zwei Pferden, die schwarze Überhänge haben, so wie man es auf alten Kreuzritterbildern sieht.
Links und rechts gehen die Träger –, ich erwähnte sie schon früher einmal. Das Gefolge geht dann zumeist, vom langen Wege schon ermüdet, gedankenlos – wie es scheint – dahinter her. Im Winter hindert schlechte Straße ein Gehen in Reih und Glied, und im Sommer wird dem Mahlsande ausgewichen oder Schatten gesucht. Weiterhin folgen dann hohe Wagen mit den Alten und den Frauen, die geradegerichteten Blickes und ernst dasitzen, meist einen Regenschirm, offen oder geschlossen, in den verarbeiteten Händen halten.
Dieses Bild empfinde ich immer wieder als trostlos. Gemalt würde es leicht karikaturenhaft aussehen und unwirklich.
Am Fuße des Kirchberges kommt der Pastor seinem Pfarrkinde entgegen. Von da ab wird der oder die Tote getragen. Bevor man ans Grab tritt, geht man mit dem Abgeschiedenen noch einmal um die Kirche herum. Es folgen Gebet und eine Andacht im Gotteshaus. Sodann bekommen die Lebenden wieder ihr Recht. Im Hause wird gut gegessen und getrunken. Andere gehen ins Wirtshaus und versaufen, wie man derbe sagt, das Fell.

Das sind alles keine Besonderheiten, und Sie finden es ähnlich woanders auch. Was hier dem Ganzen das Besondere verleiht, liegt im Lande, um nicht zu sagen in der Landschaft, in der Luft und bei dem Menschenschlage, den dieses hervorgebracht hat oder so werden ließ. Ich meinte zuvor, daß ein Bild, etwa des Totenzuges, schwer zu malen sei, ohne karikaturenhaft zu wirken, aber nur, weil es noch keinen Moor-Breughel gegeben hat und nicht gibt. Nur einem Künstler von verwandter Begabung und großem Talente könnte es möglich werden, diese Bilder recht zu zeichnen mit dem ganzen Gemisch von Ernst und Trübheit, der Tragik und auch der Komik, erschütternd und zugleich mit dem unverwüstlichen, wenn auch harten Humor, dem Grobheit ebenso naheliegt wie Weichheit. Aber für Satiren ist kein Raum, ebensowenig wie für dumme Witze, und selbst die Sentimentalität, die zweifelsohne da und dort erscheint, wirkt doch wieder nicht sentimental.
Aber ich kam ja vom Christentum der Moorleute her. Viele Alte haben neben dem, wie sie Gottes Wort in der Kirche vernehmen, noch eine eigene Auslegung von diesem und von der Bibel. Zu Anfang des vorigen Jahrhunderts gab es hier in der Gegend eine Sekte, die sehr großen Zulauf hatte und deren Lehre an die der ernsthaften Bibelforscher erinnert. Diese Gesellschaft machte die Landeskirche und den Behörden viele Umstände. Man versuchte es mit barbarischen Mitteln, um dem Treiben ein Ende zu bereiten. Aber ein Rest ist noch geblieben, und die vor einiger Zeit verbotene Gesellschaft der ernsten Bibelforscher hatte im Moore viele Anhänger. Als seinerzeit zwei Gendarmen zu ein paar alten Leuten kamen, um dort nach verbotenen Schriften zu suchen, wurden sie verwundert angesehen. Alles wurde gutwillig herausgegeben, und man meinte, die Polizei solle es man ruhig lesen ---. Vielleicht hülfe es ihr auch.
In diese Vorstellungen der Moorleute spielt der Jüngste Tag immer wieder hinein. Weissagungen und Sprüche vom Himmel gehen immer noch um. Vom Satan ist ebenso eine Vorstellung vorhanden, wie vom lieben Gott selber.
Mag sein, daß es in der Stadt nicht verstanden wird. Aber würden Sie hiersitzen im einsamen dunkelen Moore, ganz auf sich und die einfachen Nachbarn angewiesen – oh, Ihr möchtet entweder bald davonlaufen, wenn Ihr könntet, oder aber Ihr würdet sehr bald manche Einfältigkeit unserer Moorleute annehmen --- im Glauben und im Hoffen.

Brach ein Brand aus, tönten die Feuerhörner über das weite Land und riefen die Freiwilligen zusammen

So sah es derweil
am Ort des
Geschehens aus –
nach Bergung der
Habseligkeiten
Warten auf den
Löschtrupp

Bei der umständlichen Nachrichtenübermittlung und den beschwerlichen Zuwegen war das Haus meistens schon abgebrannt, wenn die Feuerwehr eintraf

Die Moorleute
und die Obrigkeit
Vom klugen
Richter
Die Kuh im
Graben
Selbsthilfe

Für Menschen auf dem Lande muß die Obrigkeit im Staate etwas anderes sein als für die Bürger, die wie Sie in Ihrer Stadt sozusagen an den Quellen der Macht mit sitzen.
Das Zeitungslesen ist am Abend für den müden Bauern eine schwere Arbeit. Am Radio hört man nur Worte. Das ist etwas Halbes, ohne Erscheinung, Geste und Hintergrund.
Man sieht die Repräsentation nicht und fühlt nur den langen Arm der Staatsgewalt.
Deshalb zieht der kleine Mann im Moor eine gerade Linie vom Staatsoberhaupt bis zum letzten Organ der Exekutive. In Abwesenheit nennt er alle beim Vornamen. Der Kreissekretär ist Korl, und der Schandarm Heinrich. Alles gar nicht respektlos, sondern einfach, und jeder weiß, wen er meint.
Der Obrigkeit hat man untertan zu sein, das versteht sich und wird nicht weiter bedacht. Doch ist es heute wie stets. Bei aller Achtung vor der Staatsautorität und ihren Trägern als Amtspersonen liebt es der kleine Mann aus dem Volke, diese Männer an den Stellen einer Betrachtung zu unterziehen, an denen er selbst einen Vergleich aushalten kann. Ich will sagen, die Momente des Lebens, in denen weder Schloß noch Villa, Auto oder Flugzeug, Diener und Leibwache eine Erleichterung schaffen können. Mit Vergnügen wird sich vorgestellt, daß auch Kaiser und Könige zum Lokus müssen. Das Kinderkriegen im goldenen Bette geht nicht anders vor sich als auf dem Strohsack. Wie Julius Cäsars intimste Schwächen von den Römern in derbster Weise bespottet wurden, so nimmt auch heute der Volkswitz seinen Weg schnell in die kleinste Moorschenke. Es ist gut und richtig so. Der Volkswitz hat immer etwas Herzliches und Freundliches an sich. Er tut auch dem Belachten nicht weh. So ist es auch, wenn Scherze über die hohen Personen umgehen. Von dem kindlichen Vergnügen werden auch die angesteckt, die eben noch über das teure Futterkorn geschimpft haben.
Von alters her muß man dem, was Macht über uns hat, wenn's irgend geht, ein Schnippchen zu schlagen versuchen. Dem lieben Herrgott ebenso wie dem Staate und seinen Amtspersonen. Wer die Volkspsyche kennt, wundert sich kaum darüber. Bislang hat der Christenglaube nicht darunter gelitten, und die Staaten haben solches am leichtesten überstanden.
Der Gendarm reitet durch das Land. Er ist stattlich von Figur, seine Uniform ist grün und schmuck, der Tschako ist blank lackiert, die Säbelscheide blitzt. Forsch ist der Blick und kurz die Rede. Alles kann er wohl von so hoch übersehen.
Der kleine Mann im Moor erblickt die Staatsgewalt in leibhaftiger Person. Er wendet sich beunruhigt ab, denn es gibt viel, was so oder so sein soll am Wagen, am Fahrrad und weiß Gott wofür es noch Vorschriften gibt, die zu beachten sind. Was kann so ein Gendarm nicht alles finden, wenn er will. Er könnte auch nach diesem und jenem fragen wollen, was man gehört und gesehen haben könnte. Laß ihn nur reiten.
Es kann sein, daß man ihn mal im Wirtshaus an der Theke trifft, biertrinkend, wie andere Leute auch, weil es warm ist. Dann wird ihm wie diesen langsam heiß unter dem Helm, er muß ihn von Zeit zu Zeit lüften. Er geht auch vor die Tür, muß austreten, hat gar eine kleine Blase. Nun kann man mit ihm eher einen kleinen Schnack wagen. Vorsichtig, bedächtig, verfängliche Dinge umgehend, allenfalls Vorkommnisse und Erlebnisse aus der Militärzeit berührend – ja, das geht alles noch an. Da wird auch die personifizierte Staatsmacht menschlich. Aber dienstlich – nein, besser man hat mit ihr nichts zu kriegen. Es gehört schon Mut dazu, oder es muß sehr vorgerückt sein in der Zeit, wenn's geht wie neulich, als ein Gendarm den Bauern N. an der Theke über gewisse Ungehörigkeiten, die dessen Sohn begangen haben sollte, zur Rede stellte. Der wandte nur den Kopf ein wenig,

plierte ihn an und meinte – „so so, seg mol – wat hest du nun egentlich vör'n Beruf –?" Was sollte der Beamte nun sagen – zumal an der Theke? Aber solche Fragen werden hier wenig gestellt.
Der Finanzamtsmann und der Bürgermeister, die wollen immer Geld haben. Gewiß, der Staat hat's auch nötig, ebenso wie die Gemeinde. Aber sie können nicht verlangen, daß man es ihnen freudestrahlend bringt, so was soll es früher gegeben haben, erzählt man sich von einigen, die aber nicht mehr leben. Und denn wollen sie heute alle soviel wissen, die von der Obrigkeit, viel zuviel.
Der Richter ist meist ein freundlicher Mann. Er will die Gegner gern versöhnen, rät zum Vergleich. Es gelingt nicht immer, doch ist es dankenswert von ihm. Und Strafsachen, die kommen ja nicht so leicht vor. Wennschon, nun dann muß man doch erst mal überführt werden. Da war dem einen was Dummes unterlaufen, er gab es zu. Seine Freunde schütteln den Kopf und meinen, er wäre doch zu ehrlich, der dumme Hund, was müsse er's auch gleich zugeben.
In der Nachbarschaft geht seit vielen Jahren ein Grenzstreit um einen Graben, der von beiden Parteien offengehalten werden muß. Prozesse über Prozesse hat es deshalb gegeben. Der Graben ist mittlerweile zum Schaden beider Teile ein wüster Morast geworden. Und wird es immer mehr – und breiter.
Eines Tages hat sich von einem Dritten eine Kuh verlaufen. Sie war des sumpfigen Grabens unkundig, geriet hinein und kam langsam ans Versinken. Das arme Tier fing erbärmlich an zu brüllen, beide Streithähne hören's, denken aber jeder für sich, daß es des anderen Tier sei ––– sie gönnen einer dem anderen den Schaden. Mittlerweile sank die Kuh tiefer und tiefer ––– bald sah nur noch der brüllende Kopf aus dem Modder. Die grausamen Leute rührt's nicht. Zu letzter Minute kam der eigentliche Besitzer dazu ––– machte einen Höllenlärm, und es blieb nunmehr beiden Gegnern nichts übrig, sie mußtem dem Dritten gemeinsam helfen, das ersaufende Tier zu retten. Das geschah dann auch mit vereinten Kräften unter Zuhilfenahme von Seilen und Gurten.
Während aber die erlöste Kreatur von Mudde und Moor befreit wurde; fanden die alten Feinde nicht etwa sich zur Versöhnung – Gott bewahre ––– es gab neue wüste Bedrohungen und fürchterliche Beleidigungen, die einen neuen Prozeß herbeiführten –––.
Neulich mittags kam ein guter Freund zu mir ins Haus – er befand sich auf dem Heinwege vom Gericht. Sein Nachbar hatte ihn verklagt, weil seine Tiere auf dessen Weide gegangen waren – fünfzig Mark Entschädigung sollten gezahlt werden. Er hinwieder verlangte von dem Kläger dafür, daß dessen Tiere auf seine Weide gegangen waren, gleichfalls fünfzig Mark. Der Richter schlug einen Vergleich vor: jeder zahlt dem anderen zwanzig Mark, und die Kosten werden geteilt. Der Spruch ist des weisen Salomon würdig – meine ich, und beide waren – jeder für sich – zufrieden.
Im täglichen Leben muß jeder selbst sehen, wie er zu seinem Rechte kommt. Man muß aufpassen. Wer Torf aus dem Moore gebracht kriegt, soll achthaben, ob der Wagen gut geladen ist, und es ruhig sagen, wenn er's nicht so befindet. Der Torfbauer kann nicht zum eigenen Nachteil aufpacken, dazu ist sein Verdienst zu gering.
Wer Vieh einkauft, muß sein Gewerbe verstehen. Wie kann der einfache Bauer alles wissen, was so einem Tiere ermangeln kann? Es kann nicht verlangt sein, daß man sein eigen Vieh schlecht macht. Aufpassen muß jeder, überhaupt und zumal beim Handel. Wenn das Geschäft abgetan ist – ja, dann soll es auf ein paar Schnaps und Bier nicht ankommen. Aber beim Handeln, da gibt's keine Gefälligkeiten.
Meinungsverschiedenheiten persönlicher Art soll man lieber selbst abmachen, wenn es nicht gerade um viel Geld und Gut geht. Man soll Gericht und Obrigkeit nicht mit jedem

Dreck behelligen. So wird es auch gehalten. Und ein Streit kommt überall vor. Früher soll es viel roher zugegangen sein dabei. Mit dem Messer und so. Mir ist aus dem letzten Winter nur ein Fall bekannt geworden. Und noch dazu hat einen Verkehrten der kalte Stahl des Taschenmessers in die Rippen getroffen. Der Täter meinte, ja, es wäre so dunkel gewesen, und da hätte er sich geirrt in der Person.

Wenn es um gerechte Vergeltung geht, so ist man still darüber, zumeist. Man weiß nichts davon.

Da lebten in einem Dorfe zwei gute Freunde. Sie waren mächtig stark alle beide. Keiner konnte es mit ihnen aufnehmen. So blieb den beiden nur übrig, sich von Zeit zu Zeit zu schlagen, damit sie auch mal 'rankamen. Es tat der Freundschaft keinen Abbruch, denn es war eiserne Regel: Mal mußte der eine unterliegen, mal der andere, in regelmäßiger Folge. Bis an einem unglücklichen Tage der eine den anderen zum zweiten Male hintereinander besiegte. Die Freundschaft war aus, ein für allemal. Sie kannten sich nicht mehr. Sie waren Feinde geworden fürs Leben.

Der Sieger im letzten Kampf fuhr oft zur Stadt und brachte Torf dahin, wie es heute auch noch geschieht. Dann fährt man abends los, ist in der Früh des anderen Tages da, ladet ab und kommt meist an diesem Tage gegen Abend wieder zu Hause an.

Nun war ein kalter Winter. Es soll über zwanzig Grad gehabt haben.

An einem Abend kam der Torfbauer nicht zurück. Weil es so kalt war, dachte man, er wäre wohl unterwegs ins Heu gegangen bei einer Wirtschaft. Am anderen Morgen kam er auch nicht. Unruhig forschte man in allen Gastwirtstätten am Wege. Ja, er war überall gewesen. Auch immer wieder auf den Wagen gekommen. ––– Endlich sah jemand Wagen und Pferde auf einer Weide stehen, ganz abseits von der Straße. Wie kann so was angehen? Die Pferde standen ruhig und ganz voll Reif und Eis. Der Mann saß tot auf dem Wagen, erfroren. Die Moorpferde gehen immer die Straße lang bis in den Stall, auch wenn der Kutscher schlafen sollte, was oft genug vorkommt. Von selber gehen sie nicht von der Straße, zumal in der Nacht und bei bitterer Kälte, und über schlimme Wege auf eine gefrorene Weide schon gar nicht. Der Kutscher war betrunken gewesen. Wie sollte er auf solchen Gedanken kommen, da er vermutlich gar keinen mehr hatte. Also mußte jemand anders Pferd und Wagen aus Schabernack abseits geführt haben. Daß der Mann erfror, war kein Wunder bei dem Wetter. Wenn Pferde nicht weiter wissen in dunkler Nacht ohne Weg und Steg, dann bleiben sie stehen, das weiß doch jeder.

Wer hat nun Tiere und Wagen abgeleitet vom rechten Wege? Es ist niemals herausgekommen. ––– Als es mir erzählt wurde, habe ich wohl eine dumme Frage gestellt, ––– man verstand mich gar nicht. ––– Man muß auch nicht alles wissen wollen –– „Hinrich, schenk' uns lieber einen ein."

Ein fast vergessener Anblick: der Bauer auf dem Leiterwagen

Im Winter war es zu kalt, um auf dem Wagen zu sitzen. Der Bauer verschaffte sich Bewegung, indem er die Pferde führte

Rauhreif. Die nassen
Nebel im Moor
tauchen wintertags
die Landschaft
in ein frostiges
Weiß von
unvergleichlicher
Pracht

wenn man sie hat. Im Sommer selbstredend weniger, doch nicht viel weniger. Allenfalls bei großer Wärme kann man die Weste aufknöpfen, aber unangezogen darf keiner aussehen. Die Frauensleute vor allen Dingen nicht. Natürlich muß zum Beispiel das Kind die Brust kriegen, und da kann auch mal wer zukommen, den man kennt. Aber so in der Öffentlichkeit mit ganz dünnem Zeuge um den Busen herumlaufen und damit wackeln und tun, wie die Stadtmädchen oder gar verheiratete Stadtfrauen, nein, das ist schamlos für unsere Leute.

Es ist im Moor ja auch mal was vorgekommen; da hat ein alter Mann, der aus einer anderen Gegend hier hängengeblieben ist und also nicht von hier stammt, seine Alte im Suff beinahe nackicht herumtanzen lassen vor dem Hause. Er hat aber auch dafür sitzen müssen.

Genug so schon, was die Stadtmoden in das Moor gebracht haben. Die jungen Mädchen wollen heute auch bloß noch in so dünnen, bunten Kleidern gehen, wie sie der Kaufmann am Berge hat. Sie sehen ja wohl ganz niedlich aus darin, zugegeben. Doch das Zeug hält nicht, geht schnell kaputt, läßt sich nicht ordentlich flicken. Und alle Augenblicke gibt's was Neues, was sie haben müssen, immer wird dann zum Kaufmann gerannt, stundenlang da herumgestanden.

Haben sie dann das Zeug, so muß es auch wer sehen. Zu jeder Tanzerei geht's deshalb ins Kirchdorf, wo sie andere Jungens treffen. Die sollen geschickter sein als die Moorjungs, besser tanzen können, haben andere Redensarten. Es ist heillos, weil sie dann auch gleich so einen bürgerlichen Hochsinn mitkriegen, die dummen Deerns.

Anders ist es mit so modischen Plünnen, wenn man die geschenkt bekommt. Da kann man im tiefen Moor oftmals komische Bilder sehen. Das kommt, wenn die Verwandten aus Amerika abgelegte Sachen geschickt haben, wobei sie vergaßen, wie ihre Leute hier noch immer unter dem Strohdach wohnen, Holschen tragen, dreimal am Tage melken müssen, und das Ausmisten des Kuhstalles gehört auch dazu. Die feinen Sachen von drüben sind dann meist geändert, aber sie sehen ganz dumm aus.

Doch wir waren ja bei der Schamhaftigkeit, und die geht noch weiter hier. Es versteht sich, daß die Schlafkammern dicht zugehängt werden gegen alle Blicke, absolut dicht. Kann sein, daß sie allenfalls vor den Burschen nicht verriegelt sind. Aber die verhängten Fenster sind auch in den Wirtshäusern üblich. Nicht, daß nun unerlaubte Dinge da vorgehen, denn die Türen sind ja nicht verschlossen. Es gilt jedoch unpassend in jeder Hinsicht, wenn man von außen sehen kann, was drin verzehrt oder sonst getan wird.

Kommt nach vielem Bier der Drang ins Freie, dann freilich stellt man sich an die Wand und bringt dort Landschaften an, wie sie Leistikow einst vom Grunewald malte.

Ich muß nun ehrlich zugeben, es könnte aussehen, daß dieses nicht zum Briefthema passe, ebenso wie das mit den Kammerfenstern der Deerns. Aber beides hat sicher wichtige Gründe. Sei es im Wirtshaus, daß gerade eine frische Runde dasteht, oder einer hat einen Grand mit vieren auf dem Tisch, und dann kann man nicht weit von der Quelle weglaufen, wie auch nicht, wenn man mitten im Knobelspiel ist, welches in vielen Variationen hier Mode bleibt. Übrigens das einzige in dieser Gegend, was neben der Moorphilosophie an die klassische Antike erinnert. Und von den Gründen bei den Deerns wollen wir lieber nicht sprechen. Es geht uns nichts an.

Großes Erlebnis im kleinen Kreise
Was in die Fremde zieht
Auswanderer und Heimkehrer
Erbschaft aus Amerika
Das Trapperhaus

Leute, die so einfach etwas dahin reden, ohne zu überlegen, was sie sagen, haben mich oft gefragt, wie ich denn in einer Gegend leben könne, in der doch gar nichts los sei. Und sie lächelten ungläubig, wenn ich von unserm Moor hier das Gegenteil zu behaupten wagte.

Ja, bei Euch in der Metropole sieht alles nach mehr aus. Schon daß die Staatsführung dort ihren Sitz hat, bringt gewiß viel mit sich. Da werden Gesetze verkündet. Da sind große Veranstaltungen nötig. Da kommen Würdenträger aus aller Welt zum Austausch der Meinungen und Erfahrungen. Bündnisse und Koalitionen müssen beraten und beschlossen werden. Zwischenfälle aus weiter Welt sind diplomatisch oder anderswie zu schlichten. Repräsentation und Demonstration ist erforderlich vor dem Forum der Öffentlichkeit. Gewiß, ja, wir im Moore wissen das auch und möchten die Notwendigkeiten auf keinen Fall bestreiten.

Ich will nur feststellen, daß hier unbestreibar ebenfalls was los ist, und gegen die so oberflächlich hergeredete Einbildung der Stadtleute demonstrieren dadurch, daß ich die Behauptung aufstelle: in den Häusern, in den Familien, in der Nachbarschaft geht es mindestens so turbulent zu wie in Eurer großen Welt.

Wir können also ruhig zu Hause bleiben, die Einrichtung der Familie an uns selbst, an unserm Weibe und an den eigenen Kindern studieren, mit den Nachbarn Frieden oder Streit suchen und uns nach Bedürfnis und Neigung jeden Tag so gründlich aufregen, wie wir es in einem fremden Lande niemals können, weil dort die tiefsten Gründe nie so verständlich werden und die Resonanz für die Äußerungen der Erregung fehlt.

Was sollte uns auch draußen mehr aufbringen als die Entdeckung ehelicher Untreue im eigenen Hause, als niederträchtige, widerspenstige Kinder, störrische Großväter und ränkesüchtige Nachbarn.

Wenn uns das noch nicht genügt, dann bleibt uns das Dorf oder gar das Moor. Können wir in diesem Umkreis keine Romane, ja Dramen erleben, dann wird es uns in der Fremde völlig vorbeigelingen.

Doch bleiben wir lieber bei begreiflichen Ursachen des Dranges in die Ferne. Ein solcher ist die Sehnsucht nach warmer Sonne in kalter Gegend und nach weißem Schnee bei ewigem Nebel und Regen. Schließlich auch der Mangel an Weide- und Futterplätzen, wie bei den Nomadenvölkern des Altertums schon.

Dieser Grund ist seit langer Zeit ausschlaggebend gewesen für die Auswanderung vieler Moorleute nach Übersee. Immer wenn das Haus vom Kindersegen überquoll, mußte ein Teil Heimat und Moor verlassen. Sie gingen meist nach Amerika, und es gibt hier kaum ein Haus, aus dem keiner drüben ist.

Manche haben es dort zu was gebracht, andere blieben auch da arm. Etliche kamen zurück weder arm noch reich, und einige kehrten zurück mit Geld und Gold. Sie gaben es aus oder legten es an. Ein paar Protzkästen von Häusern zeugen heute noch davon.

Meist zogen sie dereinst dahin mit Tränen und Hoffnung zugleich, oftmals noch blutjung. Häufig holten sie sich später Frauen von hier. Und wenn es ihnen nicht so gut ging da drüben, machten sich alte Väter und alte Mütter noch resolut zu einem Besuche in Amerika auf.

Das ging traurig aus mit einem Mann. Er war ein Bärenkerl, in der ganzen Gegend als solcher geachtet und gefürchtet. Hatte Hände wie Kohlenschaufeln so groß, konnte gewaltige Mengen Bier und Korn vertilgen, ohne daß es ihm was tat. Aber mit einem sanften Gemüte dazu war er begabt. Der faßte auch eines Tages solchen Reiseentschluß, feierte viele Male rührselig Abschied von seinen Freunden und dem Dorf. Schließlich mußte es aber sein, denn das Schiff wollte nicht warten, und die Reise war doch schon bezahlt. Er weilte schon in der Hafenstadt – aber Moor und Dorf hielten ihn an unsichtbarem Bande. Er kam in der Nacht vor der Abfahrt noch mal ganz allein und heimlich, stand vor den Fenstern still, stumm und kam dann wohl noch rechtzeitig wieder hin zum Schiff. Ein paar Postkarten waren das letzte von ihm. So stark und gesund er war, er starb noch auf dem Schiff in ein paar Tagen dahin –. Woran? Wer weiß es! Und er wurde bei seiner Ankunft drüben begraben. Er soll auf dem Schiffe laut geschrien haben vor Heimweh.

Vor ungefähr dreißig Jahren verstarb in Amerika ein Erbonkel mit Namen John Menken. Er hinterließ etwas, aber die Zahl der Erben hier im Moore war unverhältnismäßig groß. Die Erbengemeinschaft nahm sich einen Winkeladvokaten und beauftragte ihn, das Erbe zu barem Gelde zu machen und beschleunigt auszuzahlen. Es geschah. ––– Runde einhundert Taler kamen auf jeden. Nicht mehr. Es konnte ja wohl nicht angehen, daß ein Onkel nur so wenig hinterlassen hatte, da mußte ein Betrug obwalten. Der Advokat wurde erneut verpflichtet, und von den hundert Talern je Person war bald nicht mehr viel übrig. Kundige sagten, der Onkel habe in Amerika nur einen Milchwagen gefahren, und es sei allerhand, daß er dabei noch soviel erübrigt habe. Die Erben glaubten es nicht. Immer wieder neue Sammlungen für einen Advokaten hier und einen drüben wurden veranstaltet. Der Krieg unterbrach die Bemühungen für ein paar Jahre, – dann aber ging's weiter. Mit einem Male kam das Gerücht, der Onkel habe sogar mit dem reichen Rockefeller was zu tun gehabt, die Erbschaft wuchs, in der Vorstellung freilich nur, in die Millionen, zuerst Reichsmark, dann Dollars. Und als der alte Rockefeller starb, da lebte die Hoffnung erneut auf. Sie lebt noch heute, nach über dreißig Jahren. Immer wieder werden Gelder mobil gemacht, armselig zusammengesparte Groschen, und den Hauptbeteiligten ist nicht beizubringen, daß doch wohl alles Illusion sei. Jeder gute Rat wird böse zurückgewiesen, und man glaubt fest daran, daß der Milchfahrer John Menken dem alten Rockefeller zu seinen Milliarden verholfen hat ––– elf Millionen Dollar ist er den Erben im Moore schuldig ––– ganz bestimmt –––.

Wenn Amerikafahrer zum Besuche hier weilen, so ist das eine interessante Sache für alle Nachbarn. Zumeist können die Mooramerikaner nur noch gebrochen deutsch sprechen, wenn sie kommen. Aber es gibt sich bald. Einen gewissen Slang behalten sie gern bei, noch lange Zeit.

Der alte C. ist schon lange wieder hier, brachte Geld mit und andere Seltenheiten. Diese und einen dicken Goldklumpen soll er in einem großmächtigen Geldschranke aufbewahren, so erzählt man sich. Außer dem Gelde brachte er eine gewisse Schwerhörigkeit und ein leichtes Blasenübel mit.

Er war klug mit seinem Gelde, der alte C. kaufte Land und verkaufte es wieder. Aber nicht gegen bar Geld, sondern gegen Lebensrente. Diese, von allen Seiten gezahlt, ist ein sicheres Brot für alte Tage. Mancher, der beim Abschluß des Vertrages auf baldiges Absterben rechnete, hat sich verspekuliert. Denn der Alte läuft ganz fidel umher.

Es gibt auch welche, die ihr mühsam errungenes Gut dumm vertan haben, indem sie meinten, man müsse im Moore etwas wagen auf die Art, wie sie es drüben gesehen und gehört haben. Anderen war es nach dem Leben in Amerika hier zu langweilig, sie sind wieder dorthin gezogen. Ich kenne jemanden gut, der sich als Erinnerung an seine Fahrten tief im Moor ein richtiges kleines Trapperhaus aus Balken mit Büffelhörnern am Giebel, mit amerikanischer Flagge und süßen Girls an den Wänden eingerichtet hat. Dort verbringt er seine freien Tage und die, die er dazu macht. Trinkt deutschen Korn als Whisky und Toddy und wähnt sich im Urwald. Es sieht verflucht echt aus und ist es wohl auch.

Ich war noch nicht drüben in Amerika aus den eingangs dargelegten Gründen, die Sie mir gut und gerne widerlegen können, wenn Sie es vermögen.

Der Nebel tritt als Schleier vor die Landschaft.
Nur mehr Konturen sind dann sichtbar; mit einer unendlichen Fülle von Grautönen wird der Betrachter entschädigt

Abend
im Günne-Moor.
In der flachen
Landschaft ist es
vor allem
der Himmel, der
das Erscheinungs-
bild bestimmt –
hier finstere
Aprilwolken

Ein anderer Himmel
und ein
ganz anderer –
ein friedvoller,
harmonischer –
Charakter
der Landschaft

Die Gehöfte im Überschwemmungsgebiet lagen auf Wurten und blieben vom Hochwasser verschont

Der Landweg
war überflutet –
Schulkinder
mußten das Boot
benutzen, um ins
Dorf zu gelangen

Maler und Bauer
Kegeln
auf dem Lande
Das Knobelspiel
Womit man allein
fertig werden muß

Kürzlich kam mir ein Brief in die Hand, den ein bekannter Maler geschrieben hatte. Darin erzählte er von einem Spaziergang in unserer Gegend hier. Es sei an einem schönen Abend gewesen, der Himmel habe eine wundervolle Färbung und eine großartige Wolkenbildung gezeigt, so wie es für das Moor und für die Nähe der Meeresküste charakteristisch ist. Auf einem Acker habe ein Bauer gearbeitet, ohne aufzusehen.

Er, der Maler, sei von dem herrlichen Landschaftsbilde so ergriffen gewesen, daß er den Landmann auf das Großartige impulsiv habe aufmerksam machen müssen. Doch der hat nur brummig geantwortet, – „ja, es gibt wieder Regen“.

Da hat nun, so folgerte der Maler, ein Mensch die schönsten blauen Augen, in denen sich der Abendhimmel spiegelt, aber diese Augen sehen ja nichts, rein gar nichts.

Dieser Malerbrief ist ein Beweis dafür, daß jemand ein guter Künstler sein kann, lange gelebt haben mag und doch von Land und Leuten wenig weiß. Denn einmal müßte er doch selbst von Wetter und Wolken etwas kennen, schon in Hinsicht darauf, ob er morgen zur malerischen Auswertung seiner Gefühlsergriffenheit eine neue Leinewand bereitstellen kann. Und sodann kann er von einem um seine Feldarbeit besorgten Bauersmann nicht so ohne weiteres ein Überspringen des malerischen Begeisterungsfunkens erwarten.

Wenn er jedoch nach kurzer Erwähnung des Saatenstandes und der Wetterlage etwa so gesagt hätte: „Sieh dir das schöne Bild an, du kannst es nun jeden Tag sehen, immer etwas anders, mächtig groß, es kostet dich keinen Pfennig, und keiner kann’s dir wegnehmen. Wenn ich es male, wird es bloß einen oder ein paar Quadratmeter groß und kostet viel Geld, wohl tausend Taler.“ Vermutlich würde der Landmann nun doch noch einen Blick auf das billige Naturbild geworfen haben und auf den Maler auch einen, wegen der teuren Arbeit, die der zu machen vorgibt. Es kann sein, daß ihn beide Eindrücke auch nun noch nicht überwältigenn aber es wäre wenigstens eine kleine Unterhaltung zustande gekommen. Man hätte sich freundlich guten Abend gewünscht. So aber ging der Künstler verärgert fort, hält alle Bauern für unfähig, Originalölgemälde mit Verstand zu betrachten. Der Bauer hingegen sieht kopfschüttelnd hinter ihm her, hält ihn und alle Maler für unklug.

Normalerweise sind Abendröte und Wolkenbildung für Landleute aus anderen Gründen beachtenswert als für Künstler, das sollte doch verständlich sein.

Aber es gibt in der Welt eine Unmasse von professionellen Klugschnackern, die jedem, der ihnen in die Quere kommt, sogleich ihre persönlichen Eindrücke und Meinungen, ihr ganzes oder halbes Wissen aufreden müssen, ganz gleich, ob es den anderen angeht oder nicht.

So etwas lieben unsere Moorleute nicht. Und wenn man mit ihnen umgehen möchte, dann muß man eine gewissermaßen neutrale Ebene finden, auf der uns gleiche Interessen vereinigen. Sofern man Skat spielen kann, ergibt sich eine Möglichkeit, um nur dies Beispiel zu nennen. Mir wollte man es oftmals beibringen, aber ich konnte das Reizen schon nicht begreifen. Doch zum Kegeln war ich etwas besser zu gebrauchen.

Und so gehen wir auf unsere Bahn. Sie liegt schön im Freien. Von ihr geht der Blick auf grüne Weiden mit hohen Eichbäumen am Rande. Kühe weiden da. Für Sportsleute ist die Bahn gewiß nicht ganz einwandfrei, sie geht mit dem Wetter. Uns stört es nicht sonderlich. In der Sommerzeit, so von Mai bis zum Oktober, und wenn die Arbeit nicht zu eilig ist, dann kommen die Brüder aus der Umgegend, einer nach dem anderen.

Was hilft uns nun Gelehrsamkeit und Wissen? Reinewegs gar nichts. Wir müssen die Kugel die Bahn entlang kriegen, ohne daß sie vorher in die Büsche geht. Tut sie es doch, dann

werden uns unbarmherzig fünf Pfennige abgenommen. Wir müssen Hohn und Spott erdulden wegen unseres schmalen oder dicken Hintern, – alle gleichermaßen. Wir müssen unsern Hosenboden zur Schau stellen, auch wenn er schon blank oder fadenscheinig wird. Wir werden ehrlich gelobt, wenn uns ein guter Wurf gelang. Wir sind beschämt, wenn die Kugel nicht hielt, was sie beim Ansetzen versprach. Wir lassen uns gegenseitig hochleben mit Geschrei –, das halbe Dorf hört's und findet es in der Ordnung.
Gewinnen kann keiner etwas bei uns, jeder muß dazu beitragen, daß die Kasse anschwillt, damit wir ihren Inhalt im Winter an einem Abend radikal verzehren.
Da müssen unsere Frauen auch mithalten. Sie sitzen dann an einem langen Tisch in einer Reihe. Auf der anderen sitzen wir Männer. Zuerst gibt's eine Suppe, die allein schon eine ausgiebige Sättigung bringt. Und dann kommen die Gänse auf den Tisch. Von allen Seiten erfolgt der Angriff auf sie. Es dauert lange, wir schwitzen alle gleichermaßen, wagen aber immer wieder einen Vorstoß, bis daß die Gerippe mit wenigen Resten gleich zerstörten Festungen gar kläglich daliegen. Wir sind alle ermattet –––. Und hier sind wir auf so einer gewissermaßen neutralen Ebene völlig einig, in Freundschaft verbunden. Niemand hat dem anderen etwas voraus, es kommt keiner auf die Idee, den anderen für einen größeren Torfkopp zu halten, als man selber einer ist.
Oder wir kommen so gegen Abend auf den neutralen Boden an der Theke einer Wirtschaft zum Zwecke eines Knobelspieles nach Feierabend. Das Heu ist gut 'rein, und es kommt auf eine halbe Stunde nicht an. Es geht um kleine Biere, aber in zwei Hälften. So dauert es länger und wird nicht teuer. Jeder hat dieselben Gewinn- und Verlustmöglichkeiten. Keiner kann den Würfelfall beeinflussen, aber jeder tut so, als ob er es könnte. Es ist auch gar nicht das Kollern der Würfel, was wichtig genommen wird. Auch nicht die paar Glas Bier sind so wesentlich. Aber die Schnäcke dabei, die Scherze und die harmlose Fröhlichkeit. Und wer dabei klugscheißen oder fachsimpeln wollte, – ja, der stände schon gar nicht mehr da. Gewiß werden manche es vulgär finden, ich meine, verwöhnte Leute können das wohl sagen. Aber alles Natürliche und Gesunde ist irgendwie vulgär –, schon immer gewesen und heute noch.
Wenn ein Landmann den Abendhimmel betrachtet in Hinsicht auf seine Heueinfuhr, so ist das nicht künstlerisch, aber notwendig. Wenn er nach glücklicher Einfuhr Durst hat und Bier trinkt, dann ist das natürlich und wohlverdient. Wenn der Maler ein anständiges Bild malt und nach Feierabend auch sein Bier trinkt, so ist das eben natürlich und wohlverdient. Darüber braucht man sich aber nicht zu unterhalten. Es soll jeder sehen, wie er mit seinem Kram allein fertig wird.
Gestern abend wollte ich eigentlich diesen Brief schon schließen. Wollte nur noch ein kleines Helles zuvor nehmen. Während ich gerade in der Zeitung las, daß in China wieder mal was sich anspinnt, kam Heinrich, mein alter Bekannter aus dem Moore, herein. Er kam vom Amtsgericht. Auf seine Frage nach dem Ergehen, konnte ich ihm nur flüsternd sagen, daß mich schon seit einigen Tagen ein alter Weisheitszahn sehr stört ––– Oh, jo, meinte er und trank den soundsovielten Korn, da mußt du allein mit fertig werden – Süh – dabei langt er umständlich in eine Westentasche, findet schließlich ein langes, merkwürdiges, gelbes Monstrum von altem Zahn –––, legt ihn auf den Tisch, gibt ihn zur Betrachtung mir in die Hand, nimmt ihn dann selbst, reißt sein Maul auf, versucht ihn wieder einzupassen, ––– süh süh – so hett he seeten – gestern Aobend noch ––– Kurzum, der alte Zahn hatte ihn lange gekillt, das heißt ihm weh getan, und da hat er, er erzählt es umständlich, die Kneifzange aus dem Kasten geholt, ––– süh süh, so so hett he seeten –––. Und freute sich sehr, daß er ihn nicht mehr im Kiefer, sondern in der Westentasche hatte. Ich habe seine Freude durchaus verstanden, wie er meinen Kummer verstand.

Landschaftliche Ideale
Was ist Moor?
Beschreibung der Gegend

Es ist seltsam, was man nicht alles schon für Vorstellungen von landschaftlicher Schönheit gehabt hat. Wie verschieden ist allein das Paradies schon aufgefaßt worden? Die Maler des Mittelalters machten aus ihm oft genug eine wüste, drohende Felslandschaft, in der Adam und Eva – freilich auch nicht unserm durch olympische Spiele beeinflußten Ideal von Schönheit entsprechend – umherstehen. Im achtzehnten Jahrhundert haben sich die Maler und Kupferstecher den lieben Gott als einen zeitgemäßen Gärtner gedacht, der Bäume und Sträucher nicht allein nach der Schnur gepflanzt hatte, sondern eine kaum vorstellbare Mühe mit der Heckenschere gehabt haben muß. Soviel scheint mir gewiß, daß Künstler und Poeten für ihre Zeitgenossen und oft weit voraus Sehnsuchtsträume und Wirklichkeit beeinflußten, wenn auch manchmal seltsam genug.
Was nun unsere Moorlandschaft dahier betrifft, über die Sie etwas wissen wollen – ja, ich bin weder Maler noch Dichter und kann Ihnen daher nur eine Beschreibung übermitteln. Nach Professor Tacke ist es nötig, zwischen den Begriffen Moor und Torf zu unterscheiden. „Vertorfung ist ein in seinem Verlauf noch wenig erforschter chemischer Vorgang, der dort erfolgt, wo bei ausreichender Wassermenge ein üppiges Wachstum von meist stark wasserliebenden, torfbildenden Pflanzen eintritt und durch Wasser der Zutritt der Luft und die vollständige Zersetzung gehemmt wird. Die Torfschichten bauen das Moor auf. – Moor ist –" ich folge weiterhin in etwa Tacke – „der geologisch-geographische Begriff und bezeichnet ein Gelände, das in seinen oberen Schichten in bestimmter Mächtigkeit aus Torf besteht".
Nach altem Lehrbegriff wird der ästhetische Charakter einer Landschaft durch vier Hauptfaktoren bestimmt. Durch das Relief des Bodens, durch die Beleuchtung, durch die Vegetation und durch den menschlichen Anbau. So ganz folge ich dieser Reihenfolge hier nicht, ich will ja auch nicht belehren, sondern Ihnen nur eine Beschreibung geben...
Zu der obigen strengen Schilderung muß ich hinzufügen, daß die große Moorlandschaft ringsum von einer Sandhügelkette umgeben ist, die als Geest bezeichnet wird. Mitten im Moor heben sich noch ein paar ebenfalls sandige Hügel heraus – der höchste wurde von mir schon genannt als kleiner Berg von fünfzig Meter Höhe. Im übrigen stellt sich Ihnen das Moor als eine tellerflache Fläche vor, durch die sich ein paar träge dahinschleichende Flüßchen, Be- und Entwässerungswege, schlängeln. In diese Flüßchen münden viele Moorgräben mit einem braunen Wasser. Um die Wasserläufe breiten sich weite Gras- und Weideflächen, auf denen zur Sommerzeit zumeist schwarzbuntes Rindvieh geht. Mancherorts tummeln sich auch Pferde. Außer den Flüssen und Gräben gibt es einige stehende Gewässer, sumpfig und mit mancherlei Schilfsorten verwachsen. An Bäumen sieht man im Moore Birken in Menge, dazu Tannen. Auch Eichen und Linden haben wir viele und in mächtigen Exemplaren. Ich schrieb es schon ---, diese Bäume stehn aber immer nur um die einzelnen Höfe sowie an Straßen und Wegen. Wir haben keinen Wald. Die Landschaft wirkt also durchaus nicht kahl oder öde, sie macht einen bewachsenen, grünen Eindruck, der durch dunkle Torfstiche und danebenstehende größere und kleinere Torfhaufen von gelblicher über dunkelbraune bis zu schwarzer Färbung belebt wird. Im Herbste gleiten auf den Flüssen viele schwarze Schiffe mit schwarzen Segeln dahin. Die Bauern fahren ihren Torf zur Stadt.
Wenn Sie sich nun mit mir auf den mehrfach genannten Berg stellen, lassen Ihren Blick ringsum gehen, dann haben Sie ein Bild von einer zwar ernsten, aber zweifellosen Schönheit. Sie müssen sich einen weiten Himmel mit meist großartiger Wolkenbildung dazu denken und, um nichts zu vergessen, eine oft seltsame Beleuchtung. Von Häusern und

Äckern sehen Sie wenig, denn die Ackerwirtschaft ist nicht bedeutend im Moore, und die Häuser sind zumeist durch Busch verdeckt. An sich sind sie in alter Niedersachsenart gebaut, durchweg von roter Farbe mit grünem oder blauem Fachwerk und dem altbewährten Strohdach obendrauf.
Flora und Fauna sind im Moore für Naturforscher und Jäger vielseitig und interessant. Ich bin beides nicht, auch kein Poet, wie ich zugeben mußte ---, aber ich finde unser Moor groß und schön zu allen Jahreszeiten.
Ich finde es schön im Frühling, wenn das ganze Moor nach Birkenwasser duftet --- ich finde es schön, wenn eine glühheiße Sonne auf den schattenlosen grünen Flächen um die Flußufer liegt, ich finde es schön, wenn im Herbst die Äquinoktialstürme ungehindert über das Land brausen, und auch im Winter, wenn alles vor Nässe und Nebel trieft und tropft. Aber all das ist eine ganz subjektive Meinung von mir, die ins Objektive zu rücken nur möglich ist, wenn Sie selbst ins Moor kommen.
Von mir weiß ich bestimmt, auch wenn mich ein Schicksal von hier verschlagen sollte, das Moor bliebe meine Sehnsucht immerdar, so seltsam es anderen vorkommen mag – ebenso seltsam, wie mir die Sehnsüchte anderer Leute vorkommen müssen.

Torfstich
im Teufelsmoor.
Die obersten
(jüngsten)
Schichten, Weiß-
und Schwarztorf,
wurden mit
dem Torfspaten
gleich in
rechteckigen Soden
abgestochen

Backtorf – er liegt
als tiefste Schicht
unter dem
Schwarztorf und
wird als formlose
Masse geborgen

Der tropfnasse Torf wurde auf großer Fläche ausgebreitet und mit Holzschuhen fest-getreten, ‚gepettet'

Eine Schnür-
maschine zeichnete,
längs und quer
gezogen,
die Formate der
Torfstücke vor

Die Rillen wurden von Hand vertieft. Formatgerecht zugeschnitten, konnte der Torf trocknen, ‚backen'

Beim Aufnehmen
der angetrockneten
Torfstücke
standen die Frauen
stundenlang
gebückt und rissen
sich an den scharfen
Kanten die Hände
blutig – das
war die härteste
Arbeit im Moor

Dirk Otten, Bauer
aus Worpswede-
Bergedorf

Ihre Kindheit war
kurz, früh mußten
sie mithelfen

Anna. Sie ist gerade
zehn geworden

Der Torf ist
durchgetrocknet
und kann
verladen werden

Sechs Kubikmeter faßt ein 1/2-Hunt-Schiff, das sind zwanzig hochbeladene Karren

In den kleinen Gräben mußten die Kähne getreidelt und gestakt werden

Auf breiterem
Wasser wurden die
Segel gesetzt

Torfkahn
hammeabwärts –
auf der
Fahrt nach Bremen

Torfkähne auf der Hamme.
Im Hintergrund die Beekmündung, das ‚Nadelkissen'
und in der Ferne Neuhelgoland

Zu Mose 1.3,
Vers 18 bis 19
Vom dornigen
Dasein
Sehnsucht nach dem
Schlemmerparadies

Kann es Ihnen auch so gehen, daß Sie ganz unvermitelt von einem Gedanken, von einer Erinnerung befallen werden, die so gar nichts mit dem zu tun hat, was Sie gerade sonst beschäftigt, und die Sie einen ganzen Tag nicht mehr los läßt?
Mir kam heute früh, ohne einen ersichtlichen Grund, ein Bibelwort in den Sinn, ein schwerwiegendes sogar. Uns allen wurde es in früher Kindheit schon eingeprägt.
Eben hatten wir voller Staunen und Ehrfurcht die gewaltigen Wunder der Welterschaffung vernommen, kaum hatten wir uns ein Bild vom Paradiese gemacht, da kam auch schon die erste, ganz raffiniert angelegte Verführungssache des biblischen Zeitalters, die Geschichte vom Sündenfall unserer Stammeseltern Adam und Eva –.
Erschrocken hörten wir das Donnerwort ––– „Verflucht sei die Erde um deinetwillen –, Dornen und Disteln soll sie dir tragen, und im Schweiße deines Angesichts sollst du dein Brot essen –––." Und tatsächlich, die Erde trug fortan Dornen und Disteln, der Kreislauf der schweißtreibenden Arbeit begann –––, er dauert heute noch fort.
Die Leute im Moor müssen ganz und gar im buchstäblichen Sinne der biblischen Ankündigung, Mose eins, Kapitel drei, Vers 18 bis 19, ihre Torf- und Feldarbeit tun. Die ist sauer, blutsauer, und wer sie anders schildert, so etwa nach der Melodie des fröhlichen Landmannes, als ein Tun, für das man Gott täglich danken müßte, der kennt weder die Arbeit hier noch die Leute, die sich so quälen müssen. Er gehe einmal mit in die Torfkuhle vor Tau und Tag, grabe unten im Nassen stehend, oben von der Sonne beschienen, seine acht bis zehn Kubikmeter schwarzen Torf am Tage, dann wird er Bescheid wissen.
Die Moorbauern singen und pfeifen nicht bei der Arbeit, sie quälen sich, weil sie müssen. Das Singen erfolgt in der Kirche und hin und wieder mal im Wirtshaus.
Vor einigen Jahren nahm ich an einem Missionsfeste teil. Nach dem religiösen Feste wurde auch etwas weltlich gefeiert. Spät am Abend auf dem Heimweg überholte uns ein Wagen mit einigen älteren Festteilnehmern. Die hatten die altmodischen Zylinderhüte in den Nacken geschoben und sangen mit holperigen Stimmen ––– „Sollt ich meinem Gott nicht singen". – Den Leuten war für ihre Stimmung kein Lied geläufig als ein Choral –––.
Wenn hier nun auch keine betonte Fröhlichkeit bei der Arbeit aufkommt, so geht ein herzhafter, derber Humor selten aus.
Jede Arbeit ist des Lohnes wert, heißt es –––. Im Moore bringt sie wenig ein. Torfarbeit in baren Stundenlohn umgerechnet –, es ist blutwenig, was dabei herauskommt. Und mit der Ackerwirtschaft ist es nicht viel besser bestellt. Von einem Morgen Moorland wird selten mehr als fünf bis sieben Zentner Roggen geerntet. Auf der benachbarten Geest kann man schon gut das Doppelte rechnen, ––– von den Erträgnissen auf fettem Boden ganz zu schweigen. Die Mühen mit einem Mooracker sind aber keineswegs geringer als die bei dem besseren Erdreich. Man muß mir zustimmen, es ist wenig Lohn für schweres Tun.
Wenn auch im Schweiße des Angesichtes gearbeitet werden muß, so kommt doch täglich ein Feierabend. Ob man ihn nun verbringt wie die Alten, die ihre müden Knochen am liebsten lang machen, oder ob man, wie die Jungen, noch nicht genug von des Tages Mühen hat und sich hinterher noch Vergnügungen hingibt.
Vorstellungen von erzwungenem Nichtstun durch Krankheit oder durch Arbeitsmangel sind ein Schrecken –––. Viele haben ihn oftmals und lange erlebt –––, schweigen wir davon.
Aber der schlemmerhafte Müßiggang, die süße Faulheit, von der die Märchen voll sind, von der Dichter von Beruf und meist besser noch die unbekannten aus dem Volke geschwärmt

und erzählt haben, die Geschichten vom Schlaraffenland in Utopia, die gehen immer noch um, trotz aller Predigten von Berufenen und Unberufenen dagegen.
Auch im Moore reden die Leute gern davon, wie es schön sein müsse, so faul in weichen Betten sich zu räkeln, es warm haben – aber nicht zu warm. Essen und trinken muß da sein in Fülle, manche rechnen noch hübsche Mädchen dazu.
Ja, dieser schwache Abglanz von dem, was uns aus dem biblischen Paradiese vor dem verdammten Sündenfall noch blieb, er leuchtet beim zufälligen oder beim dazugehörenden Fest noch in der kleinsten Moorhütte und in der rauchigen Schenke. Es sei allen gegönnt, und der liebe Gott wird nichts dagegen haben, meine ich –, denn er hat es seiner Christenheit ja selbst vorgespiegelt – das schöne Land des sorgenlosen Nichtstuns – – –.
Und morgen müssen wir mit dem Roggenmähen beginnen.

Skeptische Gedanken
Der Strohhalm
Vom klugen Enterich
Die Jäger und der Lebensüberdrüssige

Jetzt haben wir allenthalben wieder das schöne Bild der Roggenhocken auf den frischgemähten Feldern vor uns. Jedes Jahr höre ich Bauersleute bei der Betrachtung ihres in Reih und Glied aufgebauten Erntesegens sagen: „Genau so war's vierzehn". Für die älteren Jahrgänge ist dieser Anblick ein für allemal mit der Erinnerung an den Kriegsausbruch 1914 verbunden, da sie alles liegen- und stehenlassen mußten in der eiligsten Zeit.
Allenthalben werden auch gleich Betrachtungen für einen neuen Weltbrand daran geknüpft. Die vielen Flugzeuge, die das Moor überbrummen, kunterbunt bemalte Wagen mit Soldaten drin, die gelegentlich durch die Landschaft fahren, Andeutungen und wohl auch Übertreibungen von Urlaubern bilden in den Köpfen der Moorleute sagenhafte Vorstellungen über die Rüstungen in aller Welt. Ich muß leider glauben, daß das Sagenhafte schnell bitterer Ernst werden kann.
Gestern stand ich mit einem Bauern nach Feierabend vor dessen Roggenfeld. Wir freuten uns über die schönen Hocken, er freilich noch mehr über den verhältnismäßig guten Körnerertrag –.
Ich nahm spielerisch einen langen Strohhalm in die Hand und schwenkte ihn umher. Da fiel mir ein, wie unbedacht doch die Redensart ist vom schwachen Halm –––. Reiner Unsinn ist es, davon zu reden.
Ganz im Gegenteil, ein Strohhalm ist ein ungemein starkes Ding, ein großartiges Bauwerk. Was trägt so ein Stiel für eine gewaltige Last im Verhältnis zu seiner zierlichen Gestalt? Wie elegant schnellt er das relativ enorme Gewicht der Kornähre wieder in die Höhe, wenn ihn der Wind zu Boden gedrückt hat? Was hat er für eine schöne, zweckmäßige Form, wie ist er wunderbar konstruiert? Ich kenne die technischen Daten eines Roggenstrohhalmes nicht –––, legt man sich aber auf den Bauch, sieht von unten an ihm herauf, was für ein dummes Gebilde ist doch dagegen der Eiffelturm? Schon architektonisch gesehen? Was für ein Aufwand von Stahl und Eisen ist nötig dafür, daß dieses Bauwerk nur steht, vom Nutzen gar nicht zu reden.
Ich halte es mit dem Strohhalm und meine, es müsse heißen – „Etwas ist stark wie ein Halm im Winde", nicht aber umgekehrt, törichter- und völlig unbedachterweise.
Mein Bauernfreund wurde ganz wach dabei, als ich es ihm sagte, und wir wurden beide ärgerlich, als wir durch ein stinkendes und stäubendes Auto gestört wurden. Zu allem Überfluß hielt es an. Ein Lehrer aus dem Nachbardorf saß drin, erzählte gleich, er habe mit seiner Frau in diesem Wagen eine Fahrt an den Rhein, an die Mosel, an die Ahr und weiß Gott wo sonst noch hin gemacht – in sechs Tagen hin und her versteht sich ––– er sagt es stolz, jawohl, und stinkend und stäubend saust er wieder davon.
Wir rieben uns den Staub aus den Augen und schüttelten den Kopf –––.
Die Menschen sollten sich häufiger Strohhalme ansehen, es könnte ihnen nicht schaden.
Das Heu ist eingefahren, der Roggen steht in Hocken, die Entenjagd ist auf, es geht wieder dem Winter zu. Einstweilen knallen die Jäger wie unklug im Moore ringsum. Ich bin kein Jäger. So eine gebratene Ente, ja die ist schon abstrakt geworden. Doch wenn ich sehe, wie die eben flügge gewordenen Vögel aus schönstem Flug heraus nach dem Schuß so willenlos herunterplumpsen –, ich mag das nicht ... Freilich gibt es hier Enten in Menge.
Mein Freund Hermann wohnt am Ufer unseres kleinen Moorflusses. Er selber besitzt viele, zumeist halbwilde. So groß ist sein Eigentum an Enten, daß er die Zahl nicht kennt. Ich hatte nicht gewußt, daß sie auch in Bäumen brüten, hier ist es aber tatsächlich zu sehen. Bei Hermann sitzt man sehr schön, sieht über die weiten Grünlandflächen und kann dann und wann seinen vielen mehr oder weniger lügenhaften Geschichten über alle möglichen Naturseltenheiten lauschen.

Gern erzählt er die von seinem klugen Enterich Jan. Ich kannte ihn noch, er war selten schön und groß.
Eines Tages kam Herman dazu, wie dieser Enterich Jan sich einen ziemlich kräftigen Aal um die Ohren schlug, um ihn zu verschlingen. Der Aal wehrte sich verzweifelt – es half nichts. Jan bezwang ihn, und bald sah nur noch die Schwanzspitze aus dem Schnabel. Aber der Enterich hatte die Länge des Aals und die Kürze seines Darmes nicht bedacht. Auch die Glätte des Fisches hatte er unterschätzt. Kaum war der im Schnabel restlos verschwunden, kam er hinten wieder heraus. Jan stürzt sich erneut auf den Aal, der Kampf ging genau so aus. Doch der kluge Enterich wußte Rat, er schleppte ihn in die Nähe des Hauses, verschlang ihn zum dritten Male und setzte sich mit dem Stert auf einen Stein, so daß der Aal nicht so schnell wieder herauskommen konnte. Und solange wartete das schlaue Tier sitzend, bis der Aal verdaut war – – –.
Herman erzählt auch von Fata Morganen, die es hier im Moore geben soll – von richtigen Gaukelbildern wie in der Wüste. Ich habe noch keine gesehen, – wie auch nicht die Aale, die gern an Land kommen wie die Krokodile, um sich zu sonnen.
Jäger leisten sich hin und wieder grobe Späße. Vor einiger Zeit trafen etliche in einer Wirtschaft einen Mann, der tief bekümmert Bier trank. Es wurde versucht, ihn zu trösten, man gab für ihn aus. Aber sein Weltschmerz wuchs nur an und steigerte sich bis zum völligen Lebensüberdruß. Er halte es nicht mehr aus, wolle Schluß machen, radikal Schluß. Bloß das Wie war ihm nicht klar. Aufhängen – nein, das möchte er nicht – – –. Ins Wasser gehen tun hier die Leute überhaupt ungern. Totschießen würde ihm noch am meisten liegen –, doch könne er schlecht mit dem Gewehr umgehen –, wenn er auch eines hätte. Die Jäger zeigten sich hilfsbereit und meinten, wenn er nun wirklich totbleiben wolle –, sie wollten es wohl tun. Aber er müsse erst unterschreiben, daß es sein Wille, sein unverbrüchlicher freier Wille sei. Und daß er die anderen inständig um diesen Freundschaftsdienst bitte, weil er selbst nicht mit dem Gewehr umgehen könne, auch sonst kein Unheil anrichten wolle – – –. Ja, er sei fest entschlossen, freiwillig zu sterben – – –. Unterschrieb, wie verlangt, und man begab sich auf einen Hof zur Exekution.
Der Lebensmüde stellte sich vor eine Wand, ein Gewehr wurde geholt und geladen. Auf eine letzte Frage antwortete er heroisch mit lautem Ja –. Ein Kommando erscholl, und der Schuß fiel – – –.
Der Selbstmörder aber fiel nicht um, weder von der Ladung –, denn sie war blind gewesen –, und auch nicht vor Todesschrecken – nein, er rief nur lauthals – „Hest mi nich dropen, hest mi nich dropen“ – – – und rannte spornstreichs davon.
Er trägt sein Leben heute noch weiter, muß sich nur gröblich necken lassen bei allen Gelegenheiten, – – – hatte aber allen Ernstes geglaubt, daß er aus Hilfsbereitschaft totgeschossen würde.
Diese Geschichte ist wahr . . .

Ein altes Haus mit schlechter Vergangenheit
Wie man Geld abmißt
Im Flugzeug zur Heuernte

Einmal kam ich im Winter in ein abgelegenes Haus auf der Geest. Einen weiten Weg hatte ich dahin, doch fand ich schließlich Haus und Hof. Das Anwesen liegt an einer der alten Straßen, die um das Moor herumführen. Es macht gar keinen bäuerlichen Eindruck, sieht vernachlässigt aus und kann so um Achtzehnhundert erbaut sein. Über tief ausgetretenen Sandsteinstufen hing eine Tür schief in rostigen Angeln. Die Füllungen klafften so, daß man durch die Ritzen in das Haus sehen konnte. Vor blinden Fenstern hingen alte und schmutzige Gardinen.

Auf Klopfen und Bollern hörte niemand. Ich wollte nicht vergeblich einen so weiten Weg gemacht haben – und versuchte, die Tür aufzuklinken. Mit Mühe war es möglich, weil alles klemmte. Ich stand in einem großen Dielenraum. An allen Wänden hingen Unmassen von Rehgehörnen. Eine Anzahl alter Gewehre voller Rost und Staub war auch da. Die große alte Standuhr hatte einen Fuß verloren, stand schief und ging daher nicht. Im Hause war es totenstill und eisig kalt. Nachdem ich einige Male gerufen hatte, schlufte endlich eine ältliche Frau über eine Hintertreppe. Sie sah um Kopf und Leib schluderig aus, tat sehr mürrisch –––. Ich brachte mein Anliegen vor, sie schob mich in eine hohe ungeheizte Stube, die im Geschmack von Achtzehnhundertsechzig etwa möbliert war. Auch hier war es eisekalt, roch nach Muff und Moder, die Stiche und bunten Jagdbilder an der Wand hatten große Stockflecke. Kurzum, alles paßte gut zusammen, ––– mir war aber denkbar ungemütlich zuwege. Die Frau stellte sich als äußerst gerissen heraus, ––– ihre Redewendungen und ihr Gehabe stand in seltsamem Widerspruch zu einem zweifellos nüchternen Geschäftssinn.

Ich ging, und als ich an die Luft kam, meinte ich ins Warme zu kommen, obgleich draußen mehrere Kältegrade herrschten. Den Modergeruch in der Nase bekam ich mit einigen Grogs in der nächsten Wirtschaft nicht hinweg. Es wurde mir erzählt, daß in dem Hause früher eine Wirtschaft gewesen sei. Jetzt wohnten dort eine Witwe mit drei Töchtern im kanonischen Alter ––– alle drei seien etwas unklug. Der Mann sei tot, habe fast nur gejagt, alle Ländereien, die zum Hause gehörten, seien verpachtet. Die Frau komme von einem großen Hof und habe diesen und viel Geld eingebracht –.

Mehr wußten die Leute nicht oder wollten es nicht sagen –––.

Erst in diesen Tagen wurde mir über das seltsame Haus und seine Vergangenheit ungefähr folgendes erzählt:

Die Straße, an der das alte ehemalige Wirtshaus steht, führt um das Moor herum und zweigt dann in die Marsch ab. Sie geht entgegengesetzt in die Kreisstadt, die seit alter Zeit wegen der alljährlich im Frühjahr und Herbst dort stattfindenden Viehmärkte berühmt ist. Von weither kommen dorthin Bauern und Händler. Die reichen Marschbauern mußten jedesmal an unserm Wirtshause vorbei ––– auf dem Hinwege mit den schweren, fetten Marschochsen und auf dem Rückwege mit den schwergefüllten Geldsäcken. Dann ging es in allen Krügen hoch her, und in unserm soll es besonders laut und wüst gewesen sein, denn die Leute von der Marsch verstanden zu leben, früher wie heute auch noch.

Während der napoleonischen Zeit und in den Befreiungskriegen kamen vielerlei Fremde nach hier. Lange noch nachher, so wird berichtete, trieb sich mancherlei Gesindel im und um das Moor herum. Räubereien und Überfälle sollen an der Tagesordnung gewesen sein, besonders aber zur Zeit der großen Märkte. Es ist oft vorgekommen, daß Bauern nicht wieder heimkamen vom Markte. Sie waren mitsamt ihrem Gelde einfach verschwunden, und besonders die Straße, an der die Wirtschaft lag, war berüchtigt. Mit Pferd und Wagen sind Leute spurlos von der Welt weggeblieben –––.

Als es um die Gegend der Wirtschaft gar zu unheimlich wurde, brachte man diese mit dem

Räuberunwesen selbst in Verbindung. Es ist dann auch herausgekommen, daß mancher Bauer hier um die Ecke gebracht und beraubt worden ist. Nachdem die Täter dingfest gemacht waren, zwei sollen gleich totgeschossen worden sein, fand man im Hause gestohlenes Geld in Mengen und tote Menschen zu Haufen. Mir wurden diese Greueltaten sehr weitschweifig erzählt ---, ich kann nicht ermessen, ob es so schlimm gewesen ist, oder ob manches dazu gedichtet wurde. Aber richtig ist es, daß die Wirtschaft nur noch dem Namen nach existiert.
Das Anwesen hat seither seine Besitzer oft gewechselt. Alle, die in dem Hause wohnten, sollen Unglück gehabt haben.
Ein Vorbesitzer war gestorben und hinterließ nur schwere Schulden. Die Gläubiger bedrängten die Witwe und verlangten Bezahlung oder Abzug. Sie war noch jung und reizvoll, wollte weder dieses, noch konnte sie jenes. Und es gelang ihr, die Gläubiger zu erweichen, daß sie noch einmal säen und ernten dürfe.
Und sie säte Tannäpfel auf all ihrem Ackerland – so daß die Gläubiger lange auf die Ernte warten konnten. In der Wartezeit hat sie dann wieder Geld erheiratet, und doch soll es nicht lange gut gegangen sein.
Der verstorbene letzte Besitzer hat sich darauf beschränkt, seine und die eingebrachten Äcker und Weiden der Frau zu verpachten. Er ging, wie gesagt, nur auf die Jagd, wovon die vielen Gehörne auf der Diele zeugen. Die sonderlichen Frauensmenschen im Hause ziehen den Pachtzins ein und lassen alles sonst gehen.
Diese Pachtländereien liegen in der Gemarkung eines der alten Moorranddörfer, die ich früher schon erwähnt habe. So eng ist hier die Versippung, daß von dreiundzwanzig Höfen allein zehn Besitzer auf zwei Familiennamen hören. Heute geht es nicht allen gut trotz der sehr großen Grundflächen, die zu den Höfen gehören. Vor dem Kriege war es anders. Es ist Tatsache, daß es als nicht standesgemäß galt, Mitgiften und Erbschaften abgezählt zu übergeben. Nein, das Geld wurde – als Gold versteht sich – in Getreidemaßen von etwa fünfundzwanzig Pfund zugemessen.
Jan Klinken pflegte zu gewissen Zeiten sein Geld auf dem Hofe in der Sonne auszubreiten, damit es mal an die Luft kam.
Eines Abends, als er schon im Bette war, fiel ihm ein, daß ja das Geld noch auf dem Hofe lag. Er fragte seine Frau, ob sie nicht daran gedacht hätte. Nein, sie hatte es auch vergessen. Weil's aber kalt war, ließen sie es ruhig draußen und maßen es am anderen Morgen wieder ein. Die Maße waren voll wie am Tage zuvor. ---.
Bei diesen Leuten gehörte es dazu, daß der Hoferbe nach dem Tode der Alten das gesamte Gesinde neu einkleiden, ihm ein ganzes Jahr doppelten Lohn geben mußte, und kein Knecht durfte vor Ablauf des Trauerjahres entlassen werden.
Die jungen Burschen von diesen Höfen haben in ihren jungen Jahren meist kleine Vermögen umgebracht, so reinewegs aus Übermut bei Überfluß. Verwundert hört man, daß sie weit in der Welt waren, in Italien, in England und auch in Paris. Sogar in Monte Carlo waren sie und am Spieltisch dann natürlich auch. Ein mir bekannter Bauer war gerade dort, als ihm einfiel, daß er mit dem Heuen beginnen müßte. Er kam wahrhaftig in einem Sonderflugzeuge an.
Das sind nun die Nachfahren der alten Moorrandsiedler, die seit alter Zeit hier wie die Ritter taten, die auch der Staatsgewalt alle naselang Gewalt entgegensetzten, die vor nichts zurückscheuten, wenn es den Anschein hatte, daß ihnen, zum Beispiel durch die Moorkolonisation, an wirklichen und auch an angemaßten Rechten Eintrag geschehen könne. Das sind die Grasbarone. Mit ihnen ist auch heute noch nicht gut Kirschen essen.

Noch in den dreißiger Jahren standen solche Hütten im Moor. Hier wohnten die Ärmsten

Im Innern eines einfachen Bauernhauses

Noch einmal im Innern – die Schlafkammer mit Strohbett und unverputzten Wänden

Haus im Moor –
den Torfstich vor
der Tür

Am Bergedorfer Utdamm

Von Tagungen
und Kongressen
Die Wanderung im
Spätsommer
Die Gesichter der
Moorbauern
Das Missionsfest
Die Welt geht
noch nicht unter

Alljährlich um die Spätsommerzeit finden sich in der großen Welt viele Menschen aus Beruf und Neigung zusammen, um bei Tagungen und Kongressen vor einer kleinen oder großen Öffentlichkeit ihre Solidarität zu zeigen, ihr Wissen und ihr Meinen auszutauschen, Beschlüsse zu formulieren, Programme zu verkünden. Gelehrte aus allen Zweigen der Wissenschaft, Künstler und Leute vom Theater, Männer der Technik und der Industrie treffen sich in Fachkreisen zu solchen Zwecken. Sänger, Schützen und Sportsleute, dilettantische Liebhaber für alle möglichen Dinge finden sich, um sich zu vergewissern, daß sie mit ihren Neigungen in der Welt nicht allein sind.
Man verlegt die Zusammenkünfte an traditionsgeheiligte Stätten oder an Orte und in Gegenden, die für solche Treffen einen geeigneten Hintergrund abgeben.
Bei all den Anlässen finden sich verwandte Seelen leicht und alte Freundschaften werden erneuert. Zumeist verleiht ein festlicher Rahmen den einzelnen Veranstaltungen Anziehung und Glanz.
Es scheint, daß diese abklingende Jahreszeit als besonders geeignet empfunden wird, Gesinnungsgemeinschaft zu demonstrieren, widerstrebende Meinungen auszugleichen, denn fast immer pflegen die Veranstaltungen in Harmonie zu enden.
An manchen Tagungen und Kongressen nimmt alle Welt großen Anteil, sei es, daß dort Beschlüsse und Verkündungen von weltpolitischer Bedeutung zu erwarten sind, sei es auch, weil Rahmen und Ausmaß der Veranstaltung zu Bewunderung Anlaß geben.
Für die meisten Teilnehmer, mögen sie nun erstmalig oder einmalig dabei sein, oder mögen sie schon über eine Erfahrung verfügen, ist Erwartung und Vorbereitung stets aufregend und beunruhigend, und alles prägt sich den größeren und kleineren Pilgerzügen auf, die oftmals zu Heerfahrten werden können. Reminiszenzen kommen unwillkürlich.
Bei uns im Moore finden solche Tagungen begreiflicherweise nicht statt. Wir haben hier keine traditionsgeheiligten Stätten. Keine Hallen und ragende Tempel zeugen von Wissenschaft und Kunst. Wie sollten hier auch selbst anspruchslose Geister Unterkunft und Bleibe finden? Nein, das Moor liegt jetzt besonders einsam da.
Und doch ist alljährlich um dieselbe Zeit in einem ganz kleinen Dorfe ein Zusammenkommen, zu dem allerlei Leute erscheinen. Nicht Politiker und Staatsmänner, nicht Gelehrte und Künstler finden sich hier ein ---; nur ganz einfache Männer und Frauen aus dem Moore und aus der Nachbarschaft pilgern dahin. Der Weg ist weit. Ich ging ihn dieses Jahr zu Fuße und machte sogar noch einen Umweg.
Man folgt den alten Fahrdämmen, die nun tief ausgefahren und pulvertrocken sind. Man watet durch Sand, mit dem sich dunkle, staubigtrockene Moorerde mischte. Das Gehen ermüdet, deswegen bleibt man hin und wieder stehen ---, sieht sich um und muß finden, daß es hier vor hundert und zweihundert Jahren gewißlich ebenso ausgesehen hat wie heute – an diesem Tage. Ringsum breitet sich das Moor. Die Höfe liegen im Busch wie zu jener Zeit. Moosig grün sind die Strohdächer. Die Torfstiche sind wohl ein wenig weiter von den Häusern abgerückt, aber nicht viel. Sie stehen schwarz und dunkelbraun da – immer noch. Oben auf dem Moore wurde die rote Heide schon bläßlich rosa, weil sie im Verblühen ist. Auf den Gräben schwimmt eine dicke Schicht giftgrüner Wasserlinsen. Sie umbettet die schwarzen Torfkähne ganz eng. An den Wegrändern dunkeln die Brombeeren in bläulichschwarzer Reife. Aber die Vogelbeeren leuchten feuerrot.
Vereinzelt bewegen sich flimmerige Umrisse von Moorleuten, die Torf in Haufen setzen. Von Zeit zu Zeit schreit ein einzelner Kiebitz. Sonst ist alles still.
Ja, man könnte sagen, es ist noch mehr als still. Eine riesengroße Trägheit liegt über dem

weiten Lande. Faul lassen Eichen und Birken ihre Blätter hängen, faul stehen die Häuser da, faul liegen die Boote in den Gräben. Die Luft steht faul, dick und milchig. --- Über ihr und über allem hier lastet die heiße Spätsommersonne nicht als Schein, sondern als ein Wesen von Gewicht.

Man mülmt den staubigen Weg entlang, die Müdigkeit bildet sich auch zur Faulheit aus. Mühsam sucht man sich von ihr zu befreien, weil man langsam einem Rollen von Rädern näher kommt und damit dem Ziele der Wanderung, dem kleinen Moordorfe, wo die Zusammenkunft stattfinden soll.

Über der Landstraße schwebt eine Staubwolke. In ihr gehen viele Leute – Männer und Frauen genau so, wie ich es tue. Sie werden von anderen auf Rädern überholt. Und wieder welche sitzen warm zusammengedrückt auf hochräderigen Wagen. Es ist kein farbig frohes Bild, überhaupt sieht nichts fröhlich aus –, viel eher trist und ärmlich.

Manche Männer haben sich schlechtsitzende Kragen umgebunden. Alle paar Schritte zerren und rücken sie daran. Die älteren Frauen sind in dunkle Stoffe gekleidet – in schwarz, blau oder braun. Einige haben gar Hüte auf. Die sitzen altmodisch und seltsam hoch auf den Köpfen. Nicht ganz so ernsthaft haben sich die jüngeren Frauen angezogen – aber schön auch nicht, das muß man sagen. Und allesamt machen müde, todernste Gesichter.

Die muß ich mir immer ansehen. Bei den Alten sind sie so voller Falten, daß es verwunderlich ist, wie so viele Platz fanden auf dem engen Raum. Es ist oft nur möglich geworden, weil die Falten nochmals Falten bekamen und diese wieder Fältchen --- bis zu den feinsten Krakelüren.

Viele alte Frauen haben unwahrscheinlich dünne Scheitel. Die Kopfhaut schimmert da hindurch, wie bei kleinen, zarthaarigen, flachsigen Kindern es meist zu sehen ist.

Bei der Mehrzahl der jüngeren Frauen aus dem Moore fällt auf, daß sie lange Gesichter machen – doch sind diese auch richtig lang. Es kommt daher, weil bei ihnen die Backenknochen hoch sitzen, rund wirken und meist stark rot sind. Die Augen sind fast immer schön geschnitten. Mir ist aber, als ob sie zu große Lider hätten und zu dünne, so daß es mir stets vorkommt, als könnten sie da hindurchsehen, auch wenn die Deckel herunter sind.

Die Hände der Moorfrauen, ob sie nun verarbeitet oder gar von Gicht und Alter verknotet sein mögen, bleiben immer schön.

Es fällt mir schwer, bei jungen Männern ein etwa Stimmendes über deren Alter zu sagen. Der Übergang von ausdrucksloser Schlacksigkeit zum ausgeprägten Mannstyp ist mit einem Male da –. Und dann sind's hier auch gleich richtige Männer, die schon bei verhältnismäßig jungen Jahren ein aufgeteiltes Gesicht haben –, in das nun die Zeit immer mehr Zeichnung bringt, bis es im Alter übervoll von Linien geworden ist. Runde, rosige Typen sind im Moore selten --- sie zeugen meist davon, daß Blut aus der Umgegend dazugekommen ist –, etwa von der Geest oder aus der Marsch.

Alle scheinen sich zu kennen, aber sie begrüßen sich einstweilen nur so eben hin ---.

Sie, mein Lieber, könnten nun mit Recht drängeln und ungeduldig fragen, was denn nun in Gottes Namen diese Leute hier an einem gewöhnlichen Werktage in das verlassene Moordorf führt, aus dem nicht mal eines Kirchturms Spitze zum Kommen und Verweilen einladet.

Der Aufzug wirkt für ein frohes Fest zu ernst und für ein trauriges –, etwa ein Begräbnis, – nicht traurig genug. Aber die Festbezeichnung paßt eigentlich auch nicht ins Moor. Wären Sie bibelfest, und ich wüßte das genau, dann könnte ich es mit der Anführung eines Evangeliumtextes aus dem Neuen Testamente leicht haben ---. Sie müßten aber unter Umständen nachschlagen, und dabei käme es heraus, daß Sie dieses Buch verlegt --- oder

gar verloren hätten. Deswegen soll's gesagt sein: ——— die Leute hier sind gekommen, um ein Missionsfest zu feiern ———. Das heißt also, – dieser kleine Moorkongreß dient zum Zwecke der Bekehrung von Heiden für den evangelischen Christenglauben ———.
Die Worte des lieben Heilandes werden hier wortwörtlich genommen. Man glaubt mit dem Evangelisten Matthäus, Kapitel 24, Vers 14, daß das Ende der Welt kommt, wenn die letzten Heiden zu Christen geworden sind. Deswegen vernimmt man beruhigt, daß es noch eine Masse Heiden gibt ———, singt und betet für deren Bekehrung, bringt dafür auch noch ein kleines Opfer in bar und trinkt hinterher viel Kaffee, ißt Butterkuchen dazu, was von Gleichgesinnten in dem unscheinbaren Moordorfe gastlich dargeboten wird.
Ein paar Alte gaben mir gnickernd zu, ——— es sei doch ganz gut, daß es noch Heiden gäbe, denen das Evangelium gepredigt werden müsse, sonst brauchte man ja keine Missionsfeste mehr zu feiern. Und die wären doch meistens schön.
Sie sollten alle bekehrt werden, die armen Heiden, gewiß ———. Aber einer nach dem anderen und nicht zu schnell, damit noch nicht das Ende käme der alten lieben Welt.

Heimkehrende
Torfschiffe

Die Lust am Bildermachen muß gegeben sein, womit nicht die Lust an sonntäglichen Familienbildchen gemeint ist... Aber wie es so kommt: eine Handvoll von „Familienbildchen", am Pfingstsonnabend 1981 von Hed Saebens-Wiesner hervorgeholt und herumgezeigt, läßt das Bild jenes Mannes entstehen, der nichts von Familienbildchen hielt: Hans Saebens in Worpswede. Freilich ist das hier eine besondere Familie, mitgliederstark und weitverzweigt, ein Clan schon, ein „Orden", wie Hans Saebens 1955 nicht ohne Stolz sie nannte, die „Gesellschaft Deutscher Lichtbildner", unter dem Kürzel GDL bekannt.
Wenn die „Familie" GDL sich trifft, geht es um Bilder, um Fotografien, so auch an jenen Tagen des Jahres 1955 in der Paulskirche in Frankfurt am Main. Hans Saebens war damals Vorsitzender der GDL-Jury; wir sehen ihn denn auch mit großen Fotos hantieren, assistiert von Willi Beutler aus Hamburg. Es muß kalt gewesen sein in dem Rundum-Foyer der Paulskirche, denn Hans Saebens trägt einen grauen Künstlerhut und Willi Beutler seine typische Baskenmütze. Die Jury ist schon vorbei, nun werden die Bilder gehängt. Das ist ein Hin und Her, ein Probieren und Auswechseln, bis Hans Saebens zufrieden scheint. Man kann es dem Foto entnehmen, das Saebens zeigt, wie er die Juryarbeit den dicht gedrängt stehenden GDL-Mitgliedern erläutert; ein wenig ironisch sieht er aus und seine Anmerkungen gefallen nicht allen: Alfred Tritschler lacht amüsiert, auch Ewald Hoinkis scheint vergnügt, aber die großen alten Damen, Ruth Hallensleben und Erna Lendvai-Dircksen schauen bedenklich, und Hermann Speer hat sich mit verschränkten Armen in sich zurückgezogen. Er war stets das kritische Gewissen der GDL-Familie.
Sie alle leben nicht mehr, aber die blitz-geschossenen Bildchen geben uns Anhalte für unsere Erinnerung. Hans Saebens war ein strenger Jury-Vorsitzender, ein „Vater", der es mit der Erziehung ernst nahm. 1956 begründet er seine Haltung: „Wenn ich zurückblicke auf die Entwicklung der GDL und überlege, wie die Ausstellungen in Köln und in Hamburg ausgesehen haben und dann in Stuttgart und Frankfurt, so muß ich sagen, wir sind weitergekommen. Der Fortschritt ist schwer erkauft worden und war mit harten Entscheidungen verbunden. Es gehört dazu ein Idealismus, der einfach dargestellt werden muß, wenn man der Sache nützen will." Am 31. Dezember 1958 legte Hans Saebens sein Amt als Juryvorsitzender nieder.
Hans Saebens stellte hohe Maßstäbe auf, die der GDL zugute kamen, die sich bis in die Gegenwart als eine Leistungsgemeinschaft versteht. Daß sich Art und Maßstäbe seiner Jurierungen später gegen ihn selbst wenden sollten, gehört zu den tragischen Momenten im Leben des Hans Saebens.
Auf den Frankfurter GDL-Bildchen gibt es indes noch eine andere Szenerie als die Paulskirche. Zwischen den Fässern eines Weinkellers sehen wir Hans Saebens und seine Frau Eugenie mit Hingabe das edle Naß probieren, das man ihnen kredenzt; auch hier war Hans Seabens Könner und Kenner, ein Juror des guten Geschmacks. Wein und Fotografie sind eine kultivierte Kombination, man muß bei beiden nur die Grenzen sehen. Hans Saebens wußte darum. „Nicht jedes Bild eines Berufenen ist unübertrefflich", schrieb er, „auch er unterliegt dem Spiel des guten Einfalls oder des glücklichen Zufalls. Wie in allen Berufen gibt es auch in der Fotografie unterschiedliche Talente." Er hielt nicht viel von handwerklichen Lehrzeiten, aber „das einsichtsvolle Verständnis des Ausbilders" hielt er für entscheidend. Junge Talente blieben in der Welt von heute nicht unentdeckt, war seine Meinung.
„Die Jugend werkelt in neuer Bildsprache, neuen Sichten, neuen Schnitten. Dabei kommt

Hans Saebens in Frankfurt als Vorsitzender der GDL-Jury und in Paris (Foto unten rechts von Willi Beutler)

häufig der Inhalt zu kurz... Fotografie ist keine Kunst. Sie ist Mitteilung und muß verständlich sein, auch wenn grafische Akzente das Bild bestimmen ..." Die Meinungen des Fotografen Hans Saebens waren fest gegründet; er liebte die Muße zum Schauen, um die Dinge anzusehen, und er lobte die Geduld. Sie vornehmlich brauchte er für seine Landschaften. Er hätte in seinem Leben kein aktuelles Bild geschaffen, bekannte er. Tatsächlich treten die Nebengebiete seines Schaffens, wie Porträt und Industrie, ganz zurück hinter seinem eigentlichen Thema, der norddeutschen Landschaft. Durch ihr Bild wurde er bekannt. Fast vergessen ist indes, daß er zu Beginn der dreißiger Jahre auch die Menschen dieser Landschaft aufnahm.
1932 erschien sein erstes Buch zu Texten seiner Frau Eugenie von Garvens „Segen im Moor", von dem er in seinen letzten Lebensjahren ironisch sagte: „Gott sei Dank vergriffen". Ihm schien dies Buch eine Jugendsünde, in Wahrheit ist es für uns Heutige eine Fundgrube. Denn die Welt des Torfmachens, ein hartes Tagwerk, der Torfkähne, die den Torf zum Markt bringen, des Rodens und Urbachmachens des Landes, das abgetorft ist, des Zwangs, den Torf abzuräumen, ehe der Winter kommt, all dies gibt es nicht mehr. Was 1931/32 noch Wirklichkeit war, ist heute eine Sage, zu der Hans Saebens damals die Stichworte fotografierte. Daß Frauen die schweren Torfkähne treidelten, daß sie die Egge zogen und die Klumpen im Torf glattreten mußten, dies „Moorpetten", Tag um Tag mit den Füßen im Modder, auf seinen Bildern sehen wir es. Das aber, was auf den Bildern des Hans Saebens noch malerisch wirkt, die lange Kette der Torfkähne, gestakt oder unter dunklen Segeln, das beschreibt Eugenie von Garvens in seiner Realität, wenn sie vom jungen Moorbauern Johann Oetjen berichtet: „Kaum kommt er noch zu Schlaf, so reiht sich Fahrt an Fahrt. Nachts hin – mittags in Bremen, straßauf – straßab zum Verkauf – ein kurzes, bescheidenes Vespern, und nachts wieder den weiten, gefährlichen Weg zurück. Ein paar Stunden in bleiernem Schlaf, dann wird das Schiff aufs neue geladen ... Zwanzig hochaufgesetzte, schwere Schiebkarren Torf verschlingt ein ehrlich geladenes Halbhuntschiff. Ahnt ein Mensch, wie oft man sich dafür bückt, die kalten Hände blutig reißt an den harten Kanten des Torfs, wie das Rad einsackt auf dem weichen Feldweg bis zum Moorkanal, wie der Wind naßkalt und unbarmherzig dazu pfeift? Noch in der gleichen Nacht geht es auf neue Fahrt."
Wir sehen Landleute an einer festlichen Kaffeetafel, die in der Diele gedeckt ist, wo die Kühe bedächtig vor sich hinkauen, wir sehen den Bauern aufgebahrt in derselben Diele, auf der sich die Nachbarn und Freunde einfinden, um ihn auf dem letzten Gang zu begleiten. Ganz gewiß ist für uns, daß heute nichts mehr so aussieht, wie Hans Saebens es 50 Jahre zuvor fotografierte, nur Sentimentalität können sich Bauern auch heute nicht leisten.
Hans Saebens ließ sich früh genug in Worpswede nieder, um zum Chronisten einer verschwundenen Welt zu werden. In Bremen, wo er am 25. März 1895 geboren wurde, besuchte Hans Saebens die Oberrealschule, anschließend studierte er an der Akademie für Graphik und Buchgewerbe in Leipzig. Seinen Einzug in Worpswede hat er in dem liebenswerten Band „Worpswede – Geschichte und Geschichten" geschildert, der 1968 unter Mitarbeit seiner zweiten Frau Hed Saebens-Wiesner herauskam: „Ach, diese Straßen im Teufelsmoor mit ihren museumsreifen Löchern! Zu dritt saßen wir 1919 mißmutig auf einem hartgefederten Tafelwagen mit unseren Siebensachen: Der Maler Karl Arste, mein Schriftstellerfreund Fiete Rampf und ich. Immer wieder trieb uns Sehnsucht in dieses schöne Worpswede mit seinen sieben großen Bauernhöfen und an die malerischen Moorkanäle, besäumt von weißen Birken." So zog er zunächst als Landschaftsmaler in die Künstlergemeinschaft dieses Dorfes ein, dessen Name schon mythischen Klang besaß. Wie es damals zuging, hat Saebens auch beschrieben: „Das Leben in den zwanziger Jahren

war fröhlich, betulicher und nicht gehetzt. Alle Freunde arbeiteten als selbständige Künstler an selbstgestellten Aufgaben. Es gab keine Liefertermine. Wir hatten mehr Zeit, weniger Geld und nahmen das dörfliche Dasein leicht und freudig." In dieser Zeit lernte der Maler Hans Saebens die Schriftstellerin Eugenie von Garvens kennen. In einem Brief schrieb er einmal, wie es zur folgenden Ehe kam: „Bei einem Besuch einer älteren Freundin gab es mittags Pellkartoffeln und frischen Hering – und das vermittelte mir die Bekanntschaft einer Dame, welche die viel zu heißen Kartoffeln für mich pellte. Dies führte in kurzer Zeit zu einer ehelichen Verbindung, die 45 Jahre für uns beide, den Maler und die Schriftstellerin, ein Beispiel schönster Harmonie war."
Erst 1930 begann Hans Saebens als Autodidakt zu fotografieren. Seine Frau brauchte für ihre Reisebeschreibungen fotografische Illustrationen, und Hans Saebens wollte sie ihr liefern. „Zuerst ging alles daneben und ich tappte ahnungslos im Entwickler herum ..." Aber da kam der damals schon hochberühmte Dr. Paul Wolff nach Bremen, um mit seiner Leica die Stadt zu konterfeien. Hans Saebens wurde ihm als Cicerone beigegeben. Die beiden Männer befreundeten sich, und Paul Wolff, der kein Geheimniskrämer war, sagte zu Saebens: „Kommen Sie zu mir nach Frankfurt. Ich zeige Ihnen die fotografische Technik und Sie machen hier in Bremen, wozu ich sowieso keine Zeit habe." Nach vierzehntägiger Lehre fuhr Hans Saebens mit Frau und Leica nach Paris; das war der Beginn seiner fotografischen Laufbahn.
Hans Saebens hat der reichen Palette des Kunstschaffens in Worpswede einen neuen Aspekt hinzugefügt, obwohl er sich selbst als Fotograf nicht für einen Künstler hielt. Doch allmählich trat er in die Reihe der Worpsweder Klassiker ein, so daß niemand an Hans Saebens denken kann ohne auch an Worpswede zu denken, das Eugenie von Garvens so schilderte: „Es ist ein anderes, während eines längeren Aufenthalts nicht nur die Anregungen Worpswedes zu suchen, sondern auch in die Eigenart der langgestreckten Moordörfer mit ihren Äckern, Viehweiden, ihrer Torfgewinnung vorzudringen, noch sumpfige Urflächen zu finden, wo in dunklen Wassertümpeln das blühende weiße Wollgras sich spiegelt, der wilde Porst duftet, wo der Botaniker die seltene Moororchidee findet und an Grabenrändern die winzige rote Blüten des Sonnentaus, einer fleischfressenden Pflanze, entdeckt."
Hans Saebens empfand die Würde dieser Landschaft, eine Würde, mit der „Wechselbäder von Schock und Nichtschock zu veranstalten" für ihn unwürdig gewesen wäre. „Der Mann, der sich der Landschaft nähert", schrieb er, „um ein gültiges Sinnbild zu schaffen, muß ein Horchender und Wartender sein können. Er muß bereit sein, sich mit seiner Erlebniskraft einzufügen in die Lücke, die ihm offengehalten blieb im Ablauf von Werden und Vergehen. Er darf die Bescheidenheit nicht vergessen und muß wissen, daß eine hohle Nuß wohl knackt, aber keinen Inhalt hat ... Stil kann nicht forciert werden, sondern entsteht absichtslos wie die Handschrift. Es bleibt die Aufgabe, die Zusammenhänge in ihr zu erkennen und bildlich zu formen. Dabei gilt das Gebot der Sparsamkeit im Ausdruck."
Hinter dem vierzigjährigen Schaffen des Hans Saebens als Landschaftsfotograf stand nicht nur die Liebe zur Natur, sondern auch die Ernsthaftigkeit eines Mannes, der warten kann, und der das Schwitzen und das Naßwerden, den Dreck verschlammter Wege und den die Körperwärme fressenden Sturm nie gescheut hat – um sich und seiner Kamera Bilder einzuverleiben. Oft sind seine Bilder von großartiger Melancholie, die jene der Moore und Birken ist, der Wasserläufe und der Torfkähne, der Ackerfurchen, über denen bleierne Himmel hängen, die überraschend plötzlich von dramatischen Wolken aufgerissen werden. Diese Atmosphäre bezauberte auch Hans Saebens und er formulierte sie derart, daß sie unvergeßlich wurde. Seine bremische Kühle und Zurückhaltung hatten ihr bildnerisches Feld gefunden.

Während Bilder aus seiner frühen Zeit vom Gefühl für die Heiterkeit einer Wolke oder das Pathos eines gewittrigen Himmels bestimmt waren, so wurden seine Bildelemente mit zunehmender Reife immer sparsamer. Aus Naturalistik wuchs Abstraktion: die schwingende Linie einer Deichkrone, die harte Kontur eines Torfstichs, die weißschwarze Schraffur winterlich überschwemmter Wiesen verlockten Hans Saebens zu Bildern. Indes ging die Verwandlung des Naturbildes nie so weit, daß nur Flächenspielerei übrig blieb; dazu war seine Ehrfurcht vor der Natur zu groß. Die Landschaft sollte als die besondere, von ihm geliebte, flache, himmelhohe nordische erkennbar sein, die er auch in Holland und Dänemark aufsuchte: Da faßt denn ein Regenbogen das bißchen kahle Erde wie eine riesige Klammer zusammen, durch seine schnelle Vergänglichkeit darauf hinweisend, was für Hans Saebens von unmittelbarer Gültigkeit und Beständigkeit war, die Landschaft.
Wer freilich für die Struktur einer Landschaftshaut, für die Riffelung eines Wattbodens, für die Einsamkeit schwarzer Moore, die Reglosigkeit der Torfgewässer, für gespenstische Weiden, stille Häfen und endlos scheinende Erde keine Antenne besitzt, der mag der Meinung sein, daß Landschaftsfotografie eine langweilige Sache sei. Wer aber seine Sinne für die feinen Wirkungen einer bis in die Nuancen beherrschten Fotografie offen hält, wer statt der lauten „Töne" lieber die leisen mag, der findet bei Hans Saebens des „reinen Wohlgefallens" – ein Ausdruck, der von ihm stammt – kein Ende. Denn in ihm erlebt man einen Fotografen, der einer Verwilderung der Technik und der Formen seine ganz persönliche Distinktion entgegensetzte, bei ihm herrschte die Noblesse präziser Fotografie. Ich sprach schon von den Verdiensten, die sich Hans Saebens um die Gesellschaft Deutscher Lichtbildner durch Klarheit und Strenge seiner Jurymaßstäbe erworben hatte. Auch als er längst über die Pflicht hinaus war, der Jury Bilder vorzulegen, tat er dies in dem Bewußtsein, einen freiwilligen Beitrag leisten zu müssen. Eines Tages entschied sich die Jury gegen seine Bilder; zu unrecht, wie ich meinte, nachdem er mir die Bilder zugeschickt hatte. In einem Brief schrieb er mir: „Alle drei Männer sind vielleicht niemals ausjuriert worden und wissen nicht, was sie anrichteten. Dieser Schlag ist für einen Selbstverantwortlichen, der seine Arbeit und sein Leben ernst nimmt, von einschneidender Bedeutung". Er antwortete mit dem Austritt. Doch eigentlich hörten wir nicht auf, ihn als uns zugehörig zu betrachten. Und sein Interesse an der GDL, die er im Sinne seiner Generation als einen Freundeskreis ansah, blieb denen gegenüber, mit denen er befreundet war, immer wach. Bald belasteten ihn schlimmere Dinge: Im November 1964 starb Eugenie. „... Wenn überhaupt von Trost zu sprechen ist, ist die gütige Zuwendung der Freunde zu ihrer fest gegründeten Seele und darüber hinaus zu meinem Alleinsein, nach 45 Jahren innigster Verflechtung, wahrhaft eine Stütze. Es geht zwar der Wille zum Fragen, zum Sprechen, das Vermissen durch jeden dunklen Atemzug, aber die Traurigkeit wird durch Freunde aufgefangen, die das Los erleichtern". Zwischen uns hatte sich noch zu Lebzeiten von Frau Eugenie die Tradition gebildet, daß meine Frau und ich am jeweiligen Pfingstsonnabend nach Worpswede fuhren. Wir aßen dann sehr gut, gingen zwischen den hohen Tannen und den riesigen violett leuchtenden Rhododendren plaudernd spazieren und hielten eine Siesta. Es wurden unvergeßliche Stunden, zu denen die Atmosphäre des kultivierten Strohdachhauses nicht wenig beitrug.
Ich hatte Hans Saebens zum 25. März 1966 zum Geburtstage gratuliert, worauf er schrieb: „Als Sie zum 25. März meiner so sehr nett gedachten, habe ich geheiratet ... Ich kam um vor Einsamkeit ... Solch ein Verlust, lieber Freund, ist unvorstellbar ... Dann ist ein Freund, eine Freundin mit Verständnis und Güte am Platze. Und so ist es nun geschehen." Der Brief war lang und mit Zuneigung und Ironie gewürzt. „Stirn vernarbt mit runzeligem Blick, der meiner hanseatischen Unfreundlichkeit vorteilhaft reservierten Ausdruck gibt."

(Das betraf eine Stirnverletzung, die er sich bei einem Sturz zugezogen hatte). Hans Saebens liebte Freundschaft und Geselligkeit, so wurde nach seiner Verheiratung mit der Bremer Fotografin Hed Wiesner auch die Tradition der Besuche am Pfingstsonnabend wieder aufgenommen.
1962 hatte ich Hans Saebens überredet, in Hamburg eine Ausstellung seines Lebenswerkes zu machen. Zunächst sträubte er sich, warum sollte er sich noch einmal auf den Markt begeben, noch dazu auf einen sehr belebten, die Schalterhalle einer Sparkasse? Aber schließlich schickte er sich darein und schrieb in einem seiner typischen Briefe: „... Alle ausgestellten Landschaften entstanden ohne Auftrag. Dennoch wüßte ich davon kein Bild zu nennen, das nicht veröffentlicht wurde. Die Landschaft ist eine selbstgestellte Aufgabe ... Auch sonst widme ich mich keiner Aufgabe, die nicht vollauf interessiert. Ich sage gern ‚nein'. Verdienst kommt immer durch vielseitige Interessen und nimmermüde Leistung. Insofern sind wir fleißig, arbeiten sonnabends und auch sonntags, ohne daß es eine Last wäre... Das Geld kommt von Verlagen ins Haus. Das umfangreiche und vielseitige Archiv bringt einen guten Kontakt. Es erschienen mehrere Bücher in vielfachen Auflagen, Bildbücher über Städte und Fischerei, die ich über das Layout bis zum Buchbinder betreue. Überdies bin ich teurer als die Herren Kollegen, was auch was für sich hat. Es macht sich bezahlt, wenn ein Name ‚ein Name' ist. Insofern bedauere ich, daß heute Fotos meist namenlos veröffentlicht werden oder im Eintopf des Impressums verschwinden. Bezahlt macht sich auch die Eigenschaft der Zuverlässigkeit, der Pünktlichkeit und der korrekten geschäftlichen Haltung. In meiner Branche keine Selbstverständlichkeiten. Ich komme ins Tratschen, lieber Herr Kempe, Ihr Hans Saebens."
Die Ausstellung wurde zu einem glanzvollen Erfolg des Meisters.
Am 7. August 1969 sah ich Hans Saebens zum letzten Male. Meine Frau und ich waren von einer Reise aus Österreich zurückgekommen. Der Abstecher von der heimwärtsführenden Autobahn war nicht programmiert; er entsprang dem Wunsch, einen Freund zu sehen. Hans Saebens und seine Frau Hed waren zu Hause. Nun saßen wir zu viert vor seinem schönen strohgedeckten Hause in Worpswede auf grünem Rasenplatz, der Pudel umsprang uns und wir waren guter Dinge. Hans Saebens schien lockerer als in den letztvergangenen Jahren, strahlte die heitere Grazie eines Kavaliers bester Schule aus, erzählte tausenderlei und zeigte schließlich eine seiner jüngsten Arbeiten: Einen Band mit Originalfotografien, den er in geringer Stückzahl für einen Bremer Kaufmann gestaltet hatte. Diese noble Form der privaten Dokumentation kultivierte Saebens seit einigen Jahren für Fürsten und Bürger, für Großgrundbesitzer und Großkaufleute. Wir freuten uns mit ihm an der gelungenen Arbeit, wir trennten uns mit Verabredungen baldiger neuer Besuche; wir sollten uns nicht wiedersehen. Am 16. Oktober 1969 ist Hans Saebens in Bremen gestorben.
Mir erschien sein unverwechselbarer Typ als eine kostbare Mischung aus Bauern- und Herrentum, ein Grandseigneur mit der Kamera. Hans Saebens hat die Landschaft der norddeutschen Tiefebene, die Heide und das Moor, die Viehkoppeln und die gefurchten Äcker, das flache Land ohne Sensationen erst fotogen gemacht: Es war wie die Entdeckung eines neuen Erdteils, wie die Schaffung einer neuen Welt, die Welt des Fotografen Hans Saebens.

Fritz Kempe

ISBN 3-922516-29-7
Lektorat:
Bernd Stenzig
Buchgestaltung:
Hartmut Brückner, Bremen
Druck:
Oltmanns+Buerfeind, Achim